산문의 향기

제운霽雲 스님(본명 : 강광호姜光浩)

부산 출생.
1972년 해인사 입산. 동화사 법주사 등에서 수선(修禪).
범어사 승가대학에서 사교 과정 이수.
동국대학교 불교대학원 불교사 전공.
제2교구 본사 용주사 교무국장, 수원지검 소년 선도 위원,
조계종 중앙포교사 역임.
일붕삼장대학원·적십자 연수원·화성 지역 불교 청년회 등에서 강설 및 지도 법사 역임.
적조사·자장암·원효암·도솔암·정광사 등 주지 역임.
문인화가, 평론가 석도륜(昔度輪) 선생 사사.
'90 예술 대제전' 초서 부문 당선.
시 전문지『시를 사랑하는 사람들(현대시)』추천 완료.
현 용문사에서 정진.

전시 : 경인미술관, 제운 달마 산책전 등 개인전 2회.
저서 :『너는 금생에 사람 노릇 하지 마라』,『달마 산책』,『오가 밥상』,『그대 안에 수미산도 다 놓아 버리게』,『채근담』,『내 마음의 이야기』,『산사의 주련』(공저),『그대 마음을 가져오라』, 『나를 찾아 떠나는 선시 여행』등.

산문의 향기

초판 1쇄 발행 2011년 9월 15일

지은이 | 제운 스님

펴낸이 | 이의성
펴낸곳 | 지혜의나무
등록번호 | 제1-2492호
주소 | 서울시 종로구 관훈동 198-16 남도빌딩 3층
전화 | (02)730-2211 팩스 | (02)730-2210

ISBN 978-89-89182-83-2 03810

* 잘못된 책은 바꾸어 드립니다.

산문의 향기

제운 스님 지음

지혜의나무

서문(序文)

　꽃피는 춘삼월을 앞두고 늦은 흰 눈 내리는 오늘, 나는 이 책의 서문을 쓴다. 계절이 맞건 안 맞건, 눈이 내리는 것은 자연의 순리이자 법칙이다. 다만 이렇게 내리는 눈을 바라보는 사람들이 어떻게 받아들이는가 하는 것은 우리들에게 주어진 몫이다. 어떤 사람은 내리는 눈을 바라보며 별 생각 없이 그저 좋다고 감탄을 한다. 어떤 사람은 걱정을 하게 되는데, 가령 농부는 농사에 큰 피해를 볼 것 같아서 걱정을 하게 되는 것이다.
　이것은 눈이라는 한 대상에 있어서, 현실은 이렇게도 받아들이고 저렇게도 받아들일 수 있다는 것을 말한다. 여기서 현실이란 감성을 초월한다. 감성이란 순수 이성으로서, 이것만 가지고 살 수 없다는 것이다. 사람의 아름다움은 이것이 있을 때 가장 아름답다. 하지만 이것(理想)만으로 살아갈 수 없음이 때론 안타까움으로 다가온다.
　이렇듯 우리의 삶은 '이상과 현실'이라는 두 테마theme가 공존

하기에 이것을 어떻게 조화롭게 할 것인가에 따라서 우리의 인생은 행복할 수도 있고 그렇지 않을 수도 있다. 우리 불가에서는 이 한 생각(一念)을 중요하게 여겨서, '한 생각 일으키지 말라'고 한다. 한 생각이 곧 번뇌이기에 이 한 생각만 일으키지 않으면 그 자리가 곧 청정 본연(眞如)의 자리라 여기기 때문이다. 중생은 번뇌로 이루어졌다. 번뇌로 이루어진 중생이 번뇌를 떠나 무엇을 논할 수 있겠는가? 아이러니irony하게도 '번뇌, 즉 보리(菩提. 깨달음)다'라고 경(經)에서나 조사구(祖師句)에서 말하고 있다.

부처님 당시에 수행하는 한 무리에서 갑자기 자살을 하기 시작했다. 자살을 하게 된 동기는 수행자 중 누군가 말하기를, "우리가 얻고자 하는 것은 아라한과(阿羅漢果. 소승(小乘)의 최고 경지)다. 그렇지만 아라한과는 얻을 수 없다."고 단호하게 말을 했기 때문이다. '인간이란 색신(色身)으로 구성되어 있다. 이 색신이 있으므로 해서 끝없는 번뇌를 일으키기에 색신이 있는 한 어찌 아라한과를 얻겠는가? 그래서 색신을 버려야 비로소 아라한과를 얻을 수 있다.'는 논리에 그만 몇 십 명에 이르는 수행자가 자살을 하게 된 것이다.

이때 부처님께서는 그들과 좀 떨어진 곳에서 제자들과 함께 있었는데, 그런 이야기를 듣고 그들에게 달려갔다. 그리고 법문(法門)하기를, "그대들은 잘 들어라. 그대들이 말하는 색신이 없고서야 아무것도 얻을 수 없다……" 등의 말로써 그들의 죽음을 막을 수 있었다. 바로 이러한 말이 인생을 살아가는 데 있어 필요하다면 필요한 것이다. 물론 어떤 사람은 배우지 않고도 행복하다고 말하고, 어떤 사람은 많이 배웠어도 불행하다고 여긴다. 행복도 불행도 그 무엇일지라도 이것이다, 저것이다, 정의할 수 없는 것이 우리들의 삶이 아닐까 하는 생각을 한다. 다만 알고 살아야지, 알지 못하고 사는 것은 진정 행복의 묘미를 더할 수 없다.

 이번에 이 책을 내는 까닭은 한 수행자의 '만행(卍行)'을 통해, 우리들 삶의 한 방향을 제시하기도 하지만, 마치 바둑을 두는 당사자가 심욕(心慾) 때문에 보지 못하는 수를, 측면에서 바라보는 무욕(無慾)의 즐거움 같다고도 할 수 있다. 결과적으로 바로 본다는 것이 심화(心火)로 해서 바로 보지 못함을 지적한다는 것이다. 이러한 내용이 과거를 통해 현재를 보고, 나아가 미래를 향해 회향(廻向)으로 '유나이트unite' 한다는 점이다. 이 책은 오래 전에 출간한 『너는 금생에 사람 노릇 하지 마라』의 내용을 바탕으로 부분 인용하면서 다시금 정리하고, 내용 또한 새로 추가하였음을 밝혀 둔다. 이 글이 우리들 삶의 좋은 지침서가 되길 바라는 마음이다. 강호(江湖) 제현(諸賢)의 일독을 권해 마지않는다.

     용문산 용문사 설선당(說禪堂)에서 제운

차례

서문(序文) __5

1부 속박으로부터 해방

만행(卍行) __15
너는 금생에 사람 노릇 하지 마라 __19
몽중에서 깨치다 __26
용꿈 꾸던 날 __32
지리산 토굴 스님 __36
황지에서 기(奇) 노인을 만나다 __46
코스모스 향기에 취하다 __50
춘양에서의 설움 __55
겨울 산행 __60
꿈에 본 나의 아버지 __64
칠포 해수욕장에서 __69
강가에 앉아서 __73

2부 나는 자유인

내 생의 업장(業障) __79

도솔암의 풍경 __93

미안해, 탈탈! __99

달마와 나 __103

걸레 중광 스님과의 만남 __113

통도사와 모기 __117

내 마음 청산이어라 __121

용문사 새벽 커피 __125

노스님의 신통력 __129

자유와 고독 __133

설곡리(雪谷里) 토굴 __137

업(業)의 그림자 __142

3부 무욕의 즐거움

자장암 __149

화암리 토굴 __156

찜질방이 좋아요 __162

텅 빈 오피스텔 __166

다 버려야 다 얻을 수 있다 __170

물은 고요하고자 하나 바람이…… __174

인생이란 잠시 쉬어 가는 것 __177

누가 인생을 물었다 __181

아름다움이 무엇이기에 __186

행복은 없다 __192

그리움 __197

4부 돌이켜 향하다

스님 운명이 뭡니까 __205

잠시 최면술사가 되다 __209

산 채로 천도하다 __214

걸림 없이 사는 길 __220

불공으로 병을 고치다 __224

사람이 아름다운 것은 __228

노루 천도하던 날 __233

500원에 천도를 하다 __237

나를 다스려라 __242

내장사 __247

기도와 참회 __251

1부
속박으로부터 해방

만행(卍行)

사람들은 흔히, "스님들은 무슨 낙으로 살까?" 하는 의문문을 넌지시 던진다. 그 배경을 보면 여우 같은 마누라가 있는 것도 아니고, 눈에 넣어도 아프지 않은 자식이 있는 것도 아니고, 먹고 싶은 것 다 먹으며 사는 것 같지도 않은데…… 뭐 대체로 이런 생각이 아닐까 한다. 따라서 동정 아닌 동정심을 보내기도 한다.

그렇게 생각하는 것이 일반적 한 형태라면, 그렇지 않음이 있다는 것도 생각해야 할 것이다. 한 예로 남이 보기에 좋은 직장, 좋은 환경일지라도 그 당사자는 그렇게 생각하는 것처럼 행복하게 산다고 할 수 없고, 남이 생각할 때 손에 피를 묻히고 산 짐승을 죽이고 썰고 하는 그런 삶을 슬프게 보면서 안타까워하는 반면에, 전혀 그렇지 않고 하루하루, "행복이란 바로 이런 것이요." 하며 잘 사는 사람도 있다.

스님들은 일정한 환경 속에서 공부를 하지만, 때로는 그런 환경을 벗어나서도 공부를 한다. 그것이 바로 만행(卍(萬)行)이다.

그러한 만행 중에는 인생이 영원하지 않음을 알기 위해서, 즉 무상(無常)을 체험하기 위해서, 화장터도 찾고 인간들의 집합체라 할 수 있는 시장 같은 곳을 기웃거리기도 한다. 그런 가운데 간혹, "왜 머리는 깎았소? 왜 출가 하였소?"라고 물어 오기도 하는데 스님들 입장에서일까, 공통적으로 하는 답이 있다. "대자유인이 되기 위해서요."

그렇게 말하면 누가 자유를 박탈이라도 하느냐 할 수도 있겠지만, 누구에 의해 구속당하거나 괴롭고 슬프고 아프기까지 한 것이 아니다. 다만 스스로 괴로움을 만들고, 그 괴로움을 달래고 한다는 것이다. 어떤 사람이 울어 보라고 해서 눈물이 생기지는 않는다. 스스로 마음의 문이 막히면 눈물이 흘러내릴 뿐이다.

수행자가 볼 때는 세인들이 작은 영역에 울을 치고 집착해서 살아가는 반면, 수행자는 저 넓은 황야에서 때론 코끼리가 되고 사자가 되어 황야를 마음껏 노닌다면, 이것도 지나친 자기 비약일까? 스님들의 공부 영역을 보면 수행하는 시간을 안거(安居)라 하여 여름, 겨울 각 석 달씩 공부를 한다. 그러다가 그 기간이 끝나면 산철(解制)이라 하여 여기저기를 다니면서 다음 공부 처소를 찾고 또한 명안 종사(明眼宗師)를 찾기도 한다. 이것이 만행인 것이다. 여러 가지 갖은 수행을 한다고 해서 만행이라고 하지만, 요즘은 절 만(卍)자를 써서 만행의 의미를 나타내기도 한다. 절 만자가 가지고 있는 의미를 한 번 생각하자면, 절 만자니 당연히 사찰을 뜻하므로 '절을 찾는다.'도 되지만, 절 만자가 가지고 있는 원래는 십자가처럼 시방 공간의 함축된 뜻으로, 사방과 위아래이다. 여기에 변화함을 보이는 것으로 네 기둥에 점 하나를 더 붙이게 되니 마치 팔랑개비가 도는 것과도 같은 것이 된다.

이것이 바로 불교가 윤회(輪廻)를 내세우는 것과도 일치한다 하겠다. 세상은 모든 것이 변화하고 변화해서 그 무엇도 고정불변할 수 없다는 것이다.『화엄경(華嚴經. 불교 최고의 경전)』선재동자(善財童子) 구도기에서 선재동자가 법을 구하기 위해 53선지식을 친견하는 것이 대표적인 만행의 모습이라 할 수 있다. 여기에 등장하는 여러 인물은 단순히 스님들만이 아니다. 훌륭한 보살(菩薩. Bodhisattva. 깨달은 사람)이나 수행자도 친견하지만, 일반적인 선비도 만나고 때론 상인, 심지어 창녀 굴에도 들어가서 창녀와 함께 지내기도 한다. 이러한 모든 것이 다 만행에 속한다.

나 역시 지난날을 돌이켜 보면 온갖 만행의 시간이 있었다. 무릎까지 쌓인 눈을 밟으며 소백산을 넘던 그날 밤은 지금 생각해도 아찔하다. 눈보라는 휘날리고, 얼굴은 금방이라도 얼어 버릴 것만 같은 순간을 그나마 침침한 회색 달빛이 있어서 무사히 넘을 수 있었다. 다행히도 늦은 밤 풍기의 어느 포교당이 있어서 하룻밤을 지낼 수 있었다.

그렇게 환경을 찾고, 스승을 찾아 길 떠날 때면 배고픔에 고향 생각이 날 때도 없지 않았지만 한 번 출가한 사람은 다시는 고향으로 돌아갈 수 없다. 이것이 출가 수행자에게 주어진 운명이라면 운명이라 하겠다. 저 멀리 외딴집 굴뚝에서 피어오르는 하얀 저녁연기를 볼 때면 쓰린 배를 움켜쥐는 아픔도 있었다.

수행을 하고 만행을 하다 보면 그런 순간순간의 아픔도 따르지만, 가다가다 힘들면 바랑 풀어 놓고 잠시 쉬었다 가면 그만이다. 특히 산등성이 높이 앉아 경계(境界)와 나를 잊은(渾然忘我) 고요의 즐거움, 누가 알겠는가? 오래전 원효(元曉. 신라의 고승)의 시대에도 그가, "삶이 싫어져도 죽기 어렵고, 죽지 않으려 해도 살기 또한 힘이 드는구나." 하였듯이 인간이 살아가는 궁극의 목적이라면 '이왕 세상에 나왔으니, 사는 동안 행복하게 살아야지.' 하는 마음을 누구나 가지고 있으리라고 나는 확신한다. 다시 말하자면 '길을 걷다 넘어지면, 그 땅을 짚고 일어나야 한다.'는 것이다.

너는 금생에 사람 노릇 하지 마라

나의 은사이신 경산(京山) 스님이 어느 날 나에게, "너는 금생에 사람 노릇 하지 마라."는 말씀을 하셨다. 이 말을 듣는 순간은 미처 이해할 수가 없었다. 사람으로 태어나기가 쉽지 않다는 것을 불가에 들어와서야 비로소 알 수 있었는데, 문득 스승께서 사람 노릇 하지 말라니, 순간은 이해가 될 수 없었다. 잠시 시간이 흐르고 나서야 스승의 말씀을 이해할 수 있었다. 승려 생활을 하면서 사람대접을 받으려 한다면 제대로 중노릇을 할 수 없다는 것이다.

사람이라는 생각을 하면 사람 노릇을 해야 하는데, 사람 노릇이 무엇인가? 장가가고 애 낳고 돈 벌고, 가능하면 명예나 권력도 얻으며, 많은 사람과 교류하며 그렇게 그렇게 사는 것이 아니던가?

수행자는 세상을 살아감에 있어 '눈으로 보아도 보지 않음이 되어야 하고, 귀로 들어도 듣지 않음(見不見聞不聞)'이 되어야 한다. 무언가를 이루어야 한다는 생각마저 가져서는 안 된다. 수행자는 수행을 위해 잠시 허기를 채울 뿐, 맛있는 음식에 탐착해서도, 좋은 옷에 탐착해서도 안 되는 것이 불가다. 세상사의 호사나 명예, 권세 같은 것들을 보지도 취하지도 말아야 하고, 그리워하지도 아쉬워하지도 말아야 한다.

나의 스승은 공부하는 것조차 우려하셨다. 물론 참선(參禪)하고 경학(經學)하는 것을 말하는 것이 아니라, 세속 공부를 하지 말라는 것이다. 일반 대학은 말할 것도 없고, 심지어 불교대학(동국대학교)까지도 경계를 하셨다. 공부를 한다는 것, 특히 세속적으로 공부를 한다는 것은 사람 노릇 하겠다는 것으로서, 그러한 공부를 쫓는 수행자가 세속으로 돌아간 예가 흔히 있기 때문이다. 이는 나의 스승뿐 아니라, 다른 큰스님들에게서도 같은 말을 들은바 있다.

흔히 사람 노릇 잘하며 살라는 것이 일반적인데, 오히려 사람 노릇 하지 말라 하시니 자칫 이해하지 못할 수 있지만, 내가 이 길에서 오랜 시간을 지나고 나서야 충분히 이해할 수 있었다.

요즘 들어서는 고등학교를 졸업하지 않으면 출가할 수 없으니, 나이가 적당히 들어 출가를 하지만 예전에는 동진(童眞) 출가라 하여 세속에 때 묻지 않고, '영원한 삶'을 위해 출가를 택했고, 그러한 출가자를 흔쾌히 받아들였다.

그러므로 일찍 출가한 사람이 성장을 하면서 좀 더 공부를 하고자 함은 당연한 일일 것이다. 그렇지만 나의 스승이나 당시 고승들의 생각은 좀 달랐다. 어린아이를 상좌(上座)로 받아 겨우 절의 법을 익히고 스승과 상좌의 연을 맺었는데, 세속 공부를 좀 하더니 그냥 세속으로 돌아가는 일이 왕왕 있어 왔다. 이러하기에 단순히 생각하면 세속으로 돌아간다는 것이 아쉬워서 그런 것이 아닌가 하지만, 큰스님들이 생각할 때는 '사람 몸 받기 힘들고, 불법을 만나기 어렵다(人生難得佛法難逢).'는 말이 있듯, 불가의 인연을 만나 불법(佛法) 공부를 할 수 있는 인연이 얼마나 다행한 것인데, 그것을 모르고 순간순간의 집착이 미혹(迷惑)의 늪으로 빠져들게 하는 안타까움인지 모른다.

나의 스승은 일찍이 금강산 유점사 마하연에서 19세의 나이로 출가하셨고, 여러 제방 선원에서 뛰어난 선승으로 이름을 떨쳤으며, 조계종 정화 운동에 선봉을 서기도 했다. 조계종 총무원장을 역임한 분으로, 다시 공부하는 수행자로 돌아가 도봉산 천축사 무문관(無門關)에서 만 5년 동안 수행을 하셨고, 조계종 분규가 일 때마다 총무원장으로 재추대되시기도 했다.

스님은 용모가 매우 눈에 띄었다. 얼굴은 보름달 같고 몸은 육중했다. 함경도 특유의 고집과 뚝심이 있었다.

내가 처음 스님과 인연을 맺은 곳은 팔공산 동화사(桐華寺)였다. 스님은 내가 그곳에 가기 전에 이미 무문관을 회향(回向)하시고 조계종 제9교구 본사 동화사 주지로 와 계셨다. 내가 해인사에 입산하여 잠시 머물 당시 스님들과 행자(行者)들을 통해 당대 최고승이 동화사에 계신다는 말을 듣고 동화사에 와서 수계(受戒)를 받음으로써 스승과 상좌의 연을 맺게 되었다.

세월이 좀 지나 스승께서 동화사 주지를 그만두시고 다시 총무원장으로 재추대되시어 서울 적조암(寂照庵)에 머물 때다. 하루는 스님과 함께 TV를 보고 있었는데, 휴가 나온 병사가 과일 깎는 장면이 화면에 나왔다. 그걸 보신 스님께서 불쑥, "지연 수좌(제운)도 과일을 좀 먹지 그래." 하시는 바람에 내가 웃음을 터뜨리자 스님도 따라 웃었다. 밖에서 보면 큰스님은 근엄하고 빈틈없어 보이는 고승이지만, 가까이서 뵈면 순진무구한 모습을 많이 볼 수 있었다.

하루는 내가 돈이 좀 필요했다. 스승께서 내 사정을 짐작하실 줄 알지만, 감히 스승께 돈이 필요하다는 말을 할 수는 없었다. 그런데 스승이 내 표정을 읽기라도 한 듯, "지연 수좌, 법당에 가서 관세음보살님께 기도 좀 하는 것이 어때? 혹시 아나, 관세음보살께서 돈을 주실지."라고 말씀을 하시는 것이 아닌가? 나는 그 말을 듣고 잠시 머뭇거리다가 스승의 말씀이라 곧장 법당으로 들어가 기도를 했다. 그렇게 기도를 끝내고 나니 스승께서는 나에게 돈을 주셨다. 당시 나는 스님을 모시는 시자(侍子)였다. 시자를 시봉(侍奉)이라고도 한다. 평소에 스승은 그 어떤 상좌보다 나를 예뻐하셨다.

  내가 스승을 모시고 지내던 어느 날, 스승은 총무원장직을 버렸다. 그리고 얼마 있지 않아 원장으로 재직 시에 다소 책임을 질 일이 있었다. 그로 인해 강원도 정동진리 등명낙가사(燈明洛伽寺) 토굴에서 장좌불와(長坐不臥)를 할 때의 일이다. 그곳 기후 관계도 있었지만, 아주 보잘것없는 토굴인지라 방이 너무 빨리 식었다. 그래서 나는 새벽 두 시에 일어나 스승이 공부하시는 방에 군불을 지펴 드리곤 했다. 그러던 하루는 새벽에 군불 지피는 나에게 다가와 두툼한 스웨터를 하나 주셨다. 어느 신도가 손수 짜서 스승께 드린 것을 당신께서 입지 않고 내게 내준 것이다. 그런 일이 있고 얼마 후 나의 사형이 되는 스님이 스승께 말하기를, "스님, 지연 수좌가 시봉을 제대로 합니까?" 하니 스님께서 말씀하기를, "지연은 고등 시봉이야." 하시지 않는가! 사실 그날 새벽 세 시에 스님께 세숫물을 올려야 하는데 그날따라 늦잠을 잤었다.

  어느덧 시봉 생활도 그만두고 해인사로 공부하러 떠나던 날은 지금도 잊을 수 없다. 스님께서는 내게 편지를 한 장 주셨는데, 당시 해인사 주지였던 도광 스님과는 잘 아는 사이인지라, "내 상좌가 그곳에 가서 공부를 하려고 하니 선처를 해주시면 고맙겠다……" 등의 당부하는 글을 써 주셨다.

그 편지를 소중히 받아 들고 나오려 하는데, 스님께서 지갑을 열더니 돈 2만 원을 꺼내 내 손에 쥐어 주셨다. 그때가 1975년도 쯤이라 2만 원은 거금이었다. 더군다나 그 돈은 스승의 지갑에 있는 전부였다. 너무도 고맙고 감격스러웠다. 나는 스님께, "스님! 스님의 지갑을 다 비우니 오히려 제 마음이 편하지 않습니다. 여기 만 원을 스님께 돌려 드리겠습니다." 하면서 돈을 내밀었더니 스님께서는 쉽게 받으려 하지 않았다. 나는 거듭 어린아이가 아버지에게 떼를 쓰듯이 돈을 내밀었더니 스님께서 돈을 받으며, "네가 내 마음을 아니 나 또한 네 마음을 안다." 하셨다.

내가 바랑을 걸머메고 양손에 책 보따리를 들고 나가자 스님께서는 그 육중한 몸으로 손수 책 보따리를 들지 않는가. 나는 만류했지만 스승은 아랑곳하지 않았다. 나와 함께 책 보따리를 들고서 홍천사 고갯길을 돌아 아리랑고개 버스 정류장까지 오셨다. 나는 스님의 이런 모습에 너무도 감격하고, 죄송한 마음으로 쩔쩔매고 있을 때 스님께서는 내게, "혹시 알 수 있나. 다음 생에는 내가 너의 상좌가 될지!" 하시는 것이었다. 나는 스님께 조용히 말씀드렸다. "스님! 스님께서 연세가 더 드시고 몸이 불편하실 때 제가 스님을 모시겠습니다."

스승께서 입적하셨다는 소식을 듣고, 그 약속을 지키지 못함을 애석하게 생각한다. 너무도 허탈하고 죄스러운 마음에 한없는 눈물만 쏟았다.

나의 스승, 경산 대종사시여! 차생에 다시 인연이 닿는다면 더욱 좋은 상좌가 되어 스승을 모시겠습니다. 그리고 스님께서 제게 하신, "너만이라도 도인이 되어 보라."는 그 말씀, 늘 가슴에 새기겠습니다.

* 동진 출가 : 어려서 절에 들어오는 사람.
* 무문관 : 문이 없다는 뜻으로, 한 번 들어가면 밖에서 문을 걸어서 쉽게 나오지 못하는 극한의 수행 처소.
* 회향 : 되돌아 향한다는 뜻으로, 닦은 만큼의 공덕을 나눈다는 뜻.
* 장좌불와 : 눕지 않고 정진한다는 뜻.

몽중에서 깨치다

1972년 팔공산 동화사에서 수계(受戒)를 한 후 나는 잠시 머뭇거렸다. 처음에는 해인사를 향해 출가 의지를 가지고 갔지만, 잠깐 머물다 팔공산 동화사에 가서 경산(京山) 스님을 은사로 득도하게 되었다.

행자(行者) 생활은 만만치 않았다. 당시 나와 함께 생활하는 행자가 열여덟 명이나 되었다. 그때 내 나이는 19세였다. 그곳 행자들은 대체로 나보다는 나이가 위였다. 행자 생활이 비록 고단한 수행이지만 기왕 출가를 했으니 반드시 수계를 해야 한다는 일념으로 군대 생활보다 더 힘든 행자 과정을 마치고 수계까지 할 수 있었다.

수계를 한 지 며칠이 지나지 않았을 때쯤 갑자기 후회스러운 생각이 물밀 듯 밀려왔다. "내가 어린 나이에 왜 이곳을 왔을까?

내가 진정 출가할 마음이 간절했는가? 혹 세상을 도피할 마음으로 이곳에 오지는 않았나?" 등 온갖 생각에 괴로움이 따랐다. "되돌아보면 그 시절 그 나이에 무슨 불심이 있어 그곳까지 갔겠는가?" 하는 의문도 가질 수 있었다.

나는 고민 끝에 하산을 하기로 했다. 하산을 결심한 때가 수계한 지 불과 10일이 되는 날이다. 최종적으로 그런 결심을 한 이유는 스스로가 '불심(佛心)'이 부족하다는 것이다. 사실 불심, 신심(信心)이 뭔지도 잘 모를 때라 그렇지 않았을까? 그저 단순하게 세속이 싫어서 잠시 그곳에 머문다는 생각이 들면서 나 자신이 부끄러웠다. 과연 앞으로 이 길을 계속 갈 수 있을까 하는 의심에 나는 세속을 향하기로 결심을 하게 되었다. 내가 입산을 할 때 입었던 허름한 세속 옷으로 승복을 대신했다. 그리고 곧바로 일주문 밖으로 내달아, 대구로 향하는 버스에 몸을 실었다.

버스에서 흘러나오는 음악이 마음을 더욱 착잡하게 했다. 그토록 힘든 과정을 마치고 대자유인의 길을 택했다는 생각에 환호하던 순간들이며, 승복을 벗어던진 내 모습 등 온갖 생각으로 머릿속은 비빔밥처럼 되어 버렸다. 달리는 버스 차창 너머로 수없는 현상들이 눈앞에 아른대며 스쳐 지나는데, 내 가슴에 흐르는 눈물은 그칠 줄 몰랐다.

버스가 대구 시내에 접어들었다. 그때 문득 떠오르는 스님이 있었다. 내가 동화사에서 수계하기까지 가끔 후원에서 나를 대하며 격려해 주던 스님이다. 스님은 선승(禪僧)으로 동화사 금당선원에서 입승(入繩)이라는 소임을 보았는데, 내가 생각할 때는 꽤 법력이 있어 보였다. 그런 스님이 동화사 말사 주지로 가셨다는 이야기가 생각이 났다. 그곳은 대구에서 조금 떨어진 달성군 가창면 우록리에 있는 남지장사(南地藏寺)였다.

나는 갑자기 그곳에 계시는 스님을 만나고 싶은 생각에 발길을 돌려 남지장사로 갔다. 역사가 꽤 오래된 고찰로 산세도 좋고 가을걷이를 크게 준비해야 할 만큼 토지가 많았다. 논밭은 물론이고 특히 감나무가 많았는데 감이 한창 무르익고 있었다. 마침 남지장사에는 동화사에서 함께 수계를 했던 도반을 비롯하여 열 명 정도의 스님들이 있었다. 나는 갓 승려가 된 까닭에 그저 시키는 대로 일을 도왔고, 스님들 시중을 들었다. 그럭저럭 가을걷이도 끝나 갔다. 얼마 전까지 환속을 생각했던 생각도 다 버렸다. 함께 수행하던 스님들도 하나둘 그곳으로부터 떨어져 갔다.

이제 남은 사람은 나의 사형이자 주지 스님이다. 스님은 선방에서 명망이 높았다. 해인사 선원에서 입승(立繩)을 했고, 동화사 선원에서도 입승 소임을 보셨다. 입승은 선방을 이끌어 가는 위치라 할 수 있다. 좀 더 이해하자면 '줄을 세운다.'는 뜻으로 선방에서 수행하는 스님들을 통솔하는 소임이다.

내가 절에서 살면서 알게 된 사실이지만 선방에서 수행을 잘하는 스님치고 성격이 괴팍하지 않는 경우는 드문 편이다. 이곳 주지 스님도 선승으로 괴팍하다는 소리를 듣는 분이다. 그래서 함께 살던 스님들이 떠나게 된 동기도 그렇다. 나와는 무슨 인연인지는 몰라도 오히려 환속하겠다고 고향을 향하다 발길을 돌려 머무는 나는, 그곳에서 적응하며 수행하는데 오히려 다른 스님들이 하나둘 떠나지 않던가? 그렇게 떠나기를 가을걷이도 다 끝내기 전에 말이다.

하루는 스님이 나를 불렀다. 곧 기도를 시작하려는데 시작하기 전에 몸을 다스리기 위해 쌀로 엿을 만들어 먹자는 것이다. 그 말을 듣는 순간 '어떻게 쌀로 엿을 만들지.' 하는 생각에 호기심이 발동하면서 기분이 참 좋았다.

엿을 만들려면 길금(엿기름)과 찹쌀을 찐 고두밥이 있어야 했다. 스님과 단 둘이 살면서 엿을 만든다고 장작불을 지폈다. 방 구들 장판이 검게 타 버렸다. 그래도 한참 애를 쓴 보람이 있어서 처음에는 조청이 만들어졌고, 다시 계속 달이자 노랗게 물든 생엿이 만들어졌다. 그날은 속이 아리도록 조청과 엿을 먹었다.

다음 날부터 스님과 나는 지장보살 기도를 하게 되었다. 기도를 하기 전에 스님께서는, "옛 스님들은 참선을 하다가도 간간이 기도를 했는데, 특히 지장 기도는 업장을 소멸하는 좋은 기도가 될 터이니 함께 기도를 해보자……" 하였다. 기도 시간은 하루 네 번으로 새벽 두 시간, 사시(巳時) 두 시간, 오후 두 시간, 저녁 두 시간, 이렇게 하루 여덟 시간 기도를 하는데, 스님이야 오랫동안 수행을 해 왔으니 잘할 수 있겠지만 나는 갓 중이 되어 기도를 따라 하기가 여간 힘들지 않았다. 대웅전이 멀리 떨어져 있는 관계로 청련암 큰 방에서 기도를 하는데, 나무로 군불을 넣는 방이라 방안에 훈기가 대단했고, 그로 인해 수마가 밀려오는데 그것을 이겨 내기가 참으로 힘들었다.

　내가 행자 때, 이미 수행에 있어 수마(睡魔)가 가장 큰 장애가 된다는 말을 많이 들었지만 막상 수마와 싸우며 기도를 하자니 나로서는 감내하기가 여간 힘들지 않았다. 엊그제 중이 되어 참선을 제대로 했나, 기도를 열심히 했나, 그저 사형 주지 스님을 따라 함께 할 뿐이다.

　삼칠일(21일) 기도를 한 지도 벌써 스무 날이 지났다. 이제 내일이면 회향(廻向)을 하게 되는데, 스님께서 나를 불렀다. 내가 스님 앞에 앉자 스님은 대뜸, "지연 수좌, 혹 꿈꾸지 않았나?" 하고 물어 왔다. 사실 나는 전날 밤에 정말 좋은 꿈을 꾸었다. 나의 스승이 당대 최고의 고승 중의 한 분인데 꿈속에서 스님이 제자들을 불러 모으고 법문(法門)을 하시는 것이다. 나는 법문을 듣는 순간 크게 깨달았다. 언하 대오(言下大悟)인 셈이다. 그 순간 어떤 표현으로도 다할 수 없어, 나는 꿈속에서 어찌할 바를 몰랐다. 깨달음이란 바로 이런 것이구나 하며 덩실덩실 춤추고 싶은 심정이 바로 이런 것이 아닌가?

예전에 고승들이 깨달음을 얻으면 너무 좋아서 덩실덩실 춤을 췄다는 법문을 들었는데, 그날 그것이 실감났다. 그 꿈을 꾼 지 30년이 넘은 이 글을 쓰는 순간에도 그때 그 꿈의 황홀함은 잊을 수 없다.

그날 스님이 나에게, "혹 꿈꾸지 않았나?" 하는 물음에, "꿈에 깨쳤습니다."라며 드렸던 말에 크게 웃으시며, "네가 기도의 가피를 입었구나. 앞으로 스승을 이을 재목이 되길 바란다."는 말씀을 하셨다.

나는 당시 어려서 아무것도 모르는 동진 출가 사미(沙彌)승이었다. 이로써 기도의 공덕, 기도의 가피, 특히 지장 기도의 대원(大願)이 무엇인지를 알 수 있게 되었다. 그것이 계기가 되어 지금도 어려운 일이 있으면 삼칠일 기도를 한다.

용꿈 꾸던 날

무작정 집을 나섰다. 동네 이발소에서 스스로 머리를 깎았다. 어디로 갈까 망설이다가 우연히 들은 이야기로 청도 운문사(雲門寺)로 향했다. 그곳은 여승들이 수행하는 처소다. 입산을 하겠다고 집을 나서고 길을 걷지만, 몰라도 너무 몰랐다. 어디가 어떤 수행 처소인 줄도 몰랐다. 다만 이름으로 유명한 절 정도를 인지할 뿐이었다.

내가 사는 집이 양산(梁山)이다. 해인사가 큰 절이라는 정도는 알았지만 양산에서 해인사보다는 운문사가 가깝다. 다만 운문사라는 막연한 이름 정도만 알 뿐이지 그곳이 여승들의 전문 교육 기관인지는 몰랐다. 다만 해인사를 마음에 두면서 그쪽을 향해 무작정 걷고 걸었을 따름이다. 걷다가 지치면 앉아서 쉬다가 가고, 무더운 여름날 뙤약볕에 땀이 흘러내릴 때면 산자락 아래로 흘러내리는 개울가에서 몸을 담그기도 했다.

가슴속에는 무언가 꿈틀대기는 했다. '석가모니도 나처럼 이렇게 걸으며 고행을 했을 테지……' 하는 생각들을 하면서 길을 걸었다. 오뉴월 무더위를 이기며 온종일 걷다 보니, 남천강(南川江)이 그렇게 시원하게 보였다. 마음 같아서는 얼른 물속으로 텀벙 뛰어들고 싶었지만 그럴 수는 없었다. 거리에는 간간이 사람들이 보였고, 내 뱃속에서 밥 달라고 졸라대는 소리가 밖에까지 들릴 정도였다. 더는 참기 어려웠다. 체면이고 뭐고 할 것 없이 어느 외딴집에 들어가서 밥을 빌었다. 내 기억으로는 밥을 빌어먹기는 처음인 것 같았다. 쑥스러운 마음이야 이루 다 말할 것도 없지만, 출가하는 마음에서 그런 의식을 뛰어넘을 수 있지 않았을까?

저 멀리 내 고향 내가 살던 집이, 보이는 듯 속삭이듯 나를 부르는 것같이 다가오기도 하지만 한 걸음 걷는 걸음마다 고향 땅은 점점 멀어져 갔다.

그렇게 걷다 쉬다 마음을 다져 가는데, 눈앞에 '관음사'라는 간판이 보였다. 나는 너무 지쳐 있던 터라 순간 이곳에 들러 잠시 쉬고 싶다는 생각을 했다. 절에 들어서서 전후 사정을 이야기했더니, "이렇게 찾아온 것도 인연이니, 어서 들어와요."라며 반겨 주었다.

관음사에는 통도사에서 오랫동안 수행하신 신행(信行) 스님이 주지로 계셨다. 그리고 행자(行者)와 처사(處士), 공양주(供養主) 등 몇몇 외부 신도들이 있었다. 다음 날 시간을 좀 내어 주지 스님과 상담을 했다. 출가에 대해서 많은 이야기를 나눌 수 있었다. 스님은 출가를 하려면 큰 사찰을 찾아야 한다는 말씀을 하셨다. 그곳에서 큰 사찰을 찾는다면 팔공산(八公山) 동화사(桐華寺)도 좋지만 부처님 가르침(八萬大藏經)이 있는 해인사가 좋겠다는 말씀을 해주셨다.

나는 마음에 출가의 뜻을 더욱 다졌다. 관음사에서 하루를 더 묵고 내일이면 해인사를 간다는 생각에 마음이 들뜰 정도로 좋았다. 풋풋한 풀냄새와 풍경이 들려주는 싱그러움, 곤충들의 속삭임, 그 모든 것들이 산사의 아름다운 향기로 다가왔다.

내일이면 해인사로 입산을 한다는 부푼 희망의 설렘이 잠 못 이루는 밤이 되어 버렸다. 먼 길 여행을 앞두고 잠을 자야 한다는 생각에 몸을 뒤척이다 밤이 깊어서야 잠을 잘 수 있었다. 긴 피로에 긴 꿈을 꾸었다. 청운(靑雲)의 꿈이 바로 이런 것인가 하는 그런 꿈이었다. 꿈속에서 나와 형편이 비슷한 관음사의 행자와 함께 도량을 거닐고 있었다. 순간 내 앞에 똬리를 튼 큰 구렁이가 보이는 것이 아닌가. 나는 깜짝 놀랐다. 곧 바로 구렁이를 가리키며 소리쳤다. 그러자 저쪽에서 행자가 달려왔고 눈앞에는 조금 전 구렁이의 몸으로 보았던 것이, 용이 되어 하늘을 승천하지 않는가. 나는, "용이 승천한다."라고 외쳤다. 그것을 용이라 여긴 이유는 그것의 길이가 대략 15m에서 20m 정도로 보였고, 하늘을 날 때 두 발이 보였기 때문이다. 나는 용(龍)이 이런 것이구나 하며, 놀란 가슴을 어루만지며 꿈에서 깼다. 비록 꿈속의 용일지라도 기분이 무척이나 좋았다. 내 인생의 전환점에서 꾼 꿈이라 더욱 좋았다.

예로부터 이무기가 뜻을 이루면 용이 되어 하늘로 승천한다는데, 내 인생의 전환점이라 할 수 있는 입산하는 날, 이런 용꿈을 꿀 수 있었다는 것이 나의 앞날에 큰 변화를 예고하는 것 같아 정말 기쁘고 또 기뻤다.

나는 지금도 그때 꾼 용꿈을 생각할 때면, 남천강 굽이굽이 물길을 따라 찾았던, 동곡 대비사(大悲寺)의 응암(應庵) 노사의 말씀이 생각난다. "중이 되는 길은 세속의 꿈을 버리고, 금생에 자신의 길을 닦고 가는 것이지!"

지리산 토굴 스님

포항 운제산(雲梯山)에 살 때다. 해마다 여름이면 배낭을 준비하여 바닷가에 다녀오는 버릇이 있다. 그러다 그 해는 바닷가를 가지 못하였다. 어디론가 갔다 와야 기분이 살아날 것만 같았다. 내가 거처하는 자장암(慈藏庵) 아래에 오어사(吾魚寺)라는 절이 있었고, 그 절에 주지 상좌인 성현 스님이 있었다. 하루는 나에게 지리산을 한 번 가지 않겠느냐는 것이다. 나는 안 그래도 암자 생활에 마음이 답답했던 터라, 잘 됐다는 생각으로 약속을 하였다.

우리는 지리산에서 일주일 정도 생활할 수 있는 준비를 끝마쳤다. 물론 그 준비한 것에는 쌀과 부식과 텐트 등 적어도 산중에서 일주일간 지낼 수 있는 만반의 준비를 다했다. 우리는 진주를 거쳐 지리산으로 향했는데, 가다 보니 대원사 여승들의 거처를 가게 되었다. 때는 늦은 가을인데도 꽤 추운 것을 느낄 수 있었다. 우리는 대원사 비구니 스님들이 지어 준 밥을 먹고 서서히 떠날 채비를 하던 중에, 갑자기 날씨가 어두워지면서 난데없는 진눈깨비가 내렸다. 그래서 나는 이런 날씨엔 도저히 산속에서 생활하기 어렵다는 판단을 하고서, 하산할 것을 옆의 스님께 종용했으나 그 스님의 고집은 대단했다. 그렇게는 할 수 없다는 것이다. 우리가 여기까지 와서 날씨가 좋지 않다고 하여 그냥 가서야 되겠느냐는 것이 그 스님의 말이다.

그러나 내가 생각할 때, 가을이라는 계절에 지낼 수 있을 정도로 준비를 했는데, 갑자기 눈이 오고 있으니 이런 날씨 속에 지리산에서 어떻게 지내겠느냐 하는 생각과, 또한 산에서 부식을 어떻게 마련할 것인가를 생각하지 않을 수 없었다. 이렇게 눈이 오는 날이면, 부식은커녕 하룻밤이라도 잘못하다가는 그 꿈은 지리산 눈 속에 파묻혀 길 잃고 헤매다가 그냥 동사할 수도 있다는 것이다.

그 스님과 나는 우정이고 뭐고 다 무시하고는 그냥 각기 갈 길을 정하기로 하였다. 나는 곧바로 하산을 해야 하지 않을까 하는 생각으로 내려오는데, 지리산 중산리 가는 버스를 발견하였다. 그렇지 않아도 성현 스님을 버려두고 나 혼자 내려오는 것이 마음에 걸렸던 터라, 여기까지 왔으니 이 기회에 천왕봉이나 한 번 올라가자 하는 생각으로 중산리 가는 버스를 탔다. 마침 버스 속에는 예전에 부산 범어사에서 함께 사교(四敎, 능엄, 금강경오가해, 기신론, 원각경)를 보던 스님이 보였다. 나는 너무 반가운 마음에, "태욱 스님!" 하며 불렀다. 그러자 태욱 스님은 어찌 여기서 보이느냐는 투로 물어 온다. 이렇게 저렇게 되다 보니 지금 이 차를 타게 되었다는 말을 하니, 그럼 자기가 공부하는 토굴로 가자고 했다. 나는 마침 옛 범어사 강원 도반을 여기서 만나서 다행으로 생각하고 함께 토굴을 향했다. 직행 버스가 한 30분을 달려서 중산리 입구에 섰다. 태욱 스님은, "저기 보이는 것이 내 토굴이요." 하며 토굴을 가리킨다.

태욱 스님은 나보다 세속적으로는 7~8년 위였다. 예전에 내가 알던 태욱 스님의 모습에 비하여, 현재의 모습이 너무 초라해 보였다. 우선 앙상하게 말라 목은 늙은 암소처럼 힘이 없이 축 처져 있었다. 집에 다다르자 태욱 스님이 나에게, "지연 스님, 여기 이만하면 어때? 이것도 70만 원짜리야." 했다. 그렇게 말하는 소리가 나에게는 애처로움으로 다가왔다.

나는 사방을 둘러보았다. 밖은 저녁 기운이 돌고 있었고, 바람에 산대가 소리 내며 일렁였다. 내 눈에는 남루한 초가집과 작은 뜰, 손바닥만 한 논두렁이 뜰 앞에 보였다.

"태욱 스님, 언제 여기에 왔소." 하니 얼른 방문을 열어 보이면서, "내가 여기에 온 것은 한 3년 될까? 그때는 이곳에 어느 시골 선비가 살았어. 이 집 분위기를 보면 금방 알 수 있어."

그 소리를 듣는 순간, 나도 토굴이나 마찬가지인 암자에서 살지만 태욱 스님에 비하면 호화롭게 생활을 한다는 것을 느낄 수 있었다. 태욱 스님은 예전에 범어사에서 공부를 할 때도 남달라 보이는 스님의 한 사람이었다. 그러나 막상 이런 곳에서 생활을 할 줄은 생각하지 못했다. 막상 이렇게 보니 한국 불교의 흐름을 알 수 있을 것만 같았다.

"태욱 스님, 공양은 잘 챙겨 드십니까?" 하니, "공양은 생식으로 한다네. 그러니 뜨거운 방에서도 잘 수 없고, 뜨거운 음식을 먹어서도 안 된다네."라고 대답한다. 나는 이 말을 듣고 의아하게 생각을 했다. 생식이라면 보통 사람은 하기가 힘이 드는 것인 줄 알고 있는데, 태욱 스님은 어려운 것을 해내고 있구나 하는 생각에, 나는 내가 하는 수행을 되돌아보게 되었다. 나는 곧바로 가야 할 의사를 밝혔다. 그러자 태욱 스님은 그럼 라면이나 하나 먹고 가라고 했다. 태욱 스님은 라면을 끓이기 위해 부엌으로 간다. 그러는가 했더니 커다란 솥이 보이고 커다란 아궁이에 불을 지폈다.

"지연 스님! 모처럼 오신 손님에게 생식을 하는 처지라 밥도 해 드리지 못하고, 라면을 끓여 미안하게 생각하오. 나는 생식을 하다 보니 솔잎과 생쌀을 먹지만 사실 먹는 것 같지 않고, 그러다 보니 세상을 살아가는 데 아무런 의욕이 없어." 이 말을 듣는 순간 나는, "아, 이렇게 깊은 골짜기에 와서 생활하는 수행자도 이렇다면 도심지에 사는 스님들은 어떻겠는가!" 하는 안타까움과 동정심이 범벅이 되었다. 나는 그가 해주는 라면으로 끼니를 때우고 곧바로 중산리로 들어갔다.

어느덧 해는 지고 어둠이 질펀히 깔린다. 나는 초행길이라 망설이지 않을 수 없었다. 이 길로 올라가면 법계사라는 절이 나온다는 것은 앞서 태욱 스님으로부터 들어 알지만 중산리에서 법계사까지는 산길 30리나 되는데 걱정이 앞선다. 그러다 어떤 스님들을 만났다. 다름 아닌 그 스님들은 법계사에 살고 지금 법계사에 가는 길이라 한다. 나는 이제 자신이 서는 것을 느낄 수 있었다. 그중 한 사람이, "저기 조금만 가면 법계사 가는 길목에 신도가 살고 있는데, 라면도 먹고 좀 쉬었다 갑시다." 했다. 나는 그렇게 하자는 시늉을 하고 그 신도 집에서 또 다시 라면 공양을 받게 되었다.

그 뒤 우리 일행이 법계사를 향할 준비를 마치자 밤은 깊어져 시간은 여덟 시를 가리키고 있었다. 나는 법계사라는 곳도 처음이요, 지리산도 처음 가 보는 곳인 데다가 그것도 동료가 있다지만 캄캄한 밤에 오르려 하니 갈 길이 좀 다급해지는 느낌이 들었다. 말이 가을이지, 추운 겨울과 같은 지리산의 날씨다. 우리 일행이 조금 오르자 진눈깨비가 간간이 날렸다. 게다가 내 몸에는 지리산에서 야영을 하면서 갖추어야 할 냄비, 텐트, 부식 등 무게가 약 50kg은 되는 짐이 있었다. 그 무거운 중량을

지고 야간에 산 등정을, 그것도 약 30여 리 거리를 간다고 생각할 때, 무리하다고 느낄 수밖에 없었다. 우리 일행은 나를 포함한 네 명이다. 우리는 산을 올라가는 도중 거의 쉬는 경우는 없었다. 나는 여기 이 스님들을 볼 때 대단한 스님들이구나 하는 생각이 들었다. 왜냐하면 나도 현재 산에 살고 있지만 이 스님들이야말로 산에 오르기를 보통 사람들이 평지를 걷는 것과 같았기 때문이다. 그중에 황우라는 스님이 있었는데 그 스님은 정말로 황우처럼, 아니 황소처럼 넘치는 힘이 있어 보였다.

산을 중간쯤 오르려니까 점점 밤은 깊어 가는데, 게다가 눈이 많이 내리기 시작한다. 눈이 오다 보니 초행길도 초행길이지만 우선 길이 제대로 보이지 않았다. 등산로는 내리는 눈으로 해서 길이 없어진 것이다. 나는 앞에서 걷는 스님들 따라 오르긴 해도 몸에는 50kg의 배낭을 짊어지다 보니 그것도 고행이라면 고행이고, 고생이라면 고생이다. 시간은 밤 열 시가량 되었나 싶었다. 눈은 점점 쌓여 발목을 덮어 왔다. 살며시 내린 눈이 돌을 밟을 적마다 미끄러지듯 때론 곡예가 아닌 곡예를 하게 되었다. 숨은 차고 가슴은 답답하다 못해, 가슴이 터지는 것만 같았다.

나는 앞서 가는 스님들에게, "도저히 더는 가지 못하겠으니 스님들이나 가시오." 하니 스님들은 여기서 머물면 동사해 죽는다는 것이다. 나는 순간 그렇게 힘들게 가느니보다는 내가 가지고 있는 텐트에다 버너를 사용한다면 하룻밤 정도는 무사히 지낼 수 있지 않을까 하는 생각이었는데, 지금 생각해 보면 큰일 날 일이었다. 만약 그렇게 텐트를 치고 버너를 사용해 잔다고 하자. 버너가 가지고 있는 유독 가스가 밀폐된 공간에 꽉 차 있을 때 질식사할 위험도 위험이지만 지리산 그 깊은 곳에서 눈사태를 만나지 말라는 법도 없지 않느냐 하는 것이다. 지금 생각해 보면 그저 아찔할 뿐이다.

우리 일행이 절에 도착했을 때는 시침은 자정을 가리키고 있었다. 지리산은 해발 1,915m이다. 그런 지리산을 우리 일행은 법계사까지 왔으니 해발 1,400m 정도는 됨직한 거리를 거의 한 번도 쉬지 않고 온 셈이다. 말로만 듣던 법계사를 보는 순간, 이렇게 높은 산에 절이 있다는 것도 상상하기 어렵지만 절 모습도 그렇게 크거나 짜여 있지는 않았다. 우선 법당이라 할 것도 없는 데다가, 사람이 거처할 방도 제대로 없었다. 그저 텐트를 치고 그 속에 불을 지피면 바닥이 조금 따뜻해지고 밖을 비닐로 쳐서 찬 공기를 막을 정도일 뿐이다.

우리가 도착하자 방 안에 있는 많은 사람들이 우리를 반겼다. 또 놀라지 않을 수 없는 것은 그런 곳에 사람이 있을까 생각하기 쉬운데 내 눈에 보이는 사람은 족히 열 명은 되었다. 또한 그 사람들 가운데 옛날 함께 공부하던 도반 선효(禪曉) 스님이 보였다. 나는 물었다. "어떻게 이런 곳에 사느냐?" 그러자 그 도반은 이곳에서도 한참을 가야만 자기가 공부하는 토굴이 있다고 했다. 천왕봉을 넘어 장터목산장을 돌아서 어느 지점이라는 말을 했다. 도반 스님 역시 생식을 한다 했다. 나는 또 한 번 놀랐다. 이곳에 기도하러 온 몇 명 정도로 보이는 신도들이 있었다. 나는 내심 '신심이 대단하구나.' 하는 것을 느꼈다.

그날 법계사 대중과 신도, 토굴에 기거하는 스님들 모두 모여 앉아서 이런 이야기 저런 이야기로 시간 가는 줄 모르고, 높은 산에서 제법 화기가 돌았다. 웃는 소리가 지리산 천왕봉을 흔들 정도였다면 좀 지나친 말일까? 이날 밤 대중들은 잠을 청하기로 하였다. 나는 잠자리에 막 들어 잠이 들려 했는데, 노크 소리가 들리더니 나를 비롯한 여러 스님들이 자는 방을 누군가 열고 들어왔다. 우리는 잠자리에서 모두 일어날 수밖에 없었다. 다름 아닌 여자 신도들이 기도를 하다 추워서 몸을 좀 녹이려고 들어왔다고 한다.

그러자 또 이런저런 이야기꽃이 피기 시작한다. 신도님들이 어디서 왔으며 언제까지 기도를 할 것이냐는 등 서로가 통성명을 하고 자기의 신상을 조금 들추는가 싶더니, 마침 성명(性命) 스님이 산꼭대기에서 주력(呪力, 불교 수련의 하나)을 하다 내려왔다며, 이제 백일이 다 되어 가는데 뭘 좀 알았다는 듯이 이야기를 한다. 무엇을 알았는지는 자세히 모르겠지만, 뭔가 좀 얻었다는 듯이 이야기를 한다. 옆에 있던 두 분 신도님들이 이야기를 듣다가 자기들에 대해서 좀 알 수 있느냐는 듯이 물어 왔고 대중들은 의아해 한다. 그도 그럴 것이 절에 기도하러 왔다는 신도가 고작 운명이나 알고자 왔다면 큰 잘못이고, 또 스님들도 그런 것을 잘 말하지 않는 것으로 되어 있기 때문이다. 잠시 침묵이 돌자 내가 한마디 하기로 했다. 물론 여러 스님들에게 양해를 구했다. "오늘 여기서 기도하시는 보살님들, 제가 그 동안 사람을 보게 되면 그 사람의 운명에 대해 알 수 있을 것 같으니, 참고적으로 한 말씀드리겠습니다." 하고는, "오늘 여기 오신 두 분 보살님은 남편과의 인연은 없어서 혼자 사시는 것 같습니다." 하니 그곳에 모인 대중들이 모두 한바탕 웃었다. 나는 이어서 두 분 중에 한 사람은 나이도 알 수 있었다. 그러다 보니 가정 신상 문제 등을 이야기하면서 그날 밤은 다가고 새벽이 되어서야 잠을 자게 되었다.

나는 그 다음 날 선효 스님이 있다는 토굴에 가고 싶었다. 여러 스님들과 함께 천왕봉을 넘어서 장터목산장에 이르렀을 때, 남녀 대학생들이 제법 여럿 와 있었다. 우린 그 산장 옆길로 한참이나 들어가니 암벽 밑에 움막으로 대충 가려 놓은 토굴을 목격하고는 마음이 아팠다. 이런 곳에서 공부를 하겠다는 뜻은 좋으나, 한편으로는 '인생이 무엇인가?' 하는 의문까지 생겼다. 초라한 움막집은 집이라기보다는 절벽 끝에 매달린 새집 같았다. 안으로 안내를 하는데, 도저히 안에서는 앉을 수도 없는 조그만 방이었다. 겨우 도반 혼자 앉아서 좌선하다 쓰러져

자고 일어나 세수는 눈을 떠서 눈만 비비는 정도요, 음식은 쌀이나 콩 등을 물에 부풀려 미리 장만한 솔잎으로 조금씩 때우는 것이 고작이다. 아직도 우리 불교에는 이런 구도자가 있다는 사실에 한편으로는 고맙다는 생각도 했지만, 또 한편으로는 안타까움도 들었다.

황지에서 기(奇) 노인을 만나다

바랑을 메고 여기저기 운수 행각(雲水行脚)을 할 때다. 가다 힘들면 쉬어 가고, 배가 고프면 얻어먹고, 어디든 훌륭한 스승이 있다 하면 친견하기를 주저하지 않을 때다. 그 시절은 꿈과 이상으로 넘쳐 났던 내 젊음의 한 시절 초상이라 할 수 있다. 누가 오라 가라 초대하지 않아도 그저 가야 할 발길이 왜 그렇게도 분주했던지, 이 절 저 절 객실 신세 많이 졌던 때다.

그러던 어느 날, 태백산이 있는 강원도 황지를 가게 되었다. 황지에는 절골이라는 산 계곡이 있는데, 그 계곡 상류를 거슬러 올라가면 기(奇) 노인이 있어 하늘을 향해 말을 하고 그 하늘의 가르침을 받아 많은 중생을 교화한다는 말을 듣게 됐다. 나는 그가 스님인지, 유학자인지, 도인인지 직접 가서 만나 봐야겠다는 생각으로 그곳에 갔다. 가던 날 마침 그 기이한 노인을 만날 수 있었다. 그 노인은 나를 보더니 내 신상에 대해 여러 가지 물어 왔다. 나는 대충 나를 소개했다.

노인이 잠시 무언가를 응시하듯 멈칫하더니 자신은 죽어 가는 사람도 살릴 수 있다는 것이었다. 말인즉, 죽어 가는 사람을 살리기 위해 나무 한 그루를 대신 죽이면 죽어 가는 사람을 살릴 수 있다는 것이다. 나는 좀 우습기는 했지만 웃을 수도 없고 조금은 난처하기까지 했다. 이어 자기가 가지고 있는 능력을 전수 받을 사람이 없다는 말을 하며 안타까워하는 노인의 모습을 느낄 수 있었다.

그때 나에게 호기심과 의심이 교차하고 있었다. 나는 곧 그 큰 능력에 대해 묻지 않을 수 없었다. 그렇게 묻는 나에게 노인은 차차 알게 된다고 하면서 그곳에서 자기와 함께 지내길 원했다. 나는 어차피 만행(萬行)을 하던 터라 어디 특별히 가야 할 곳도, 초대 받은 일도 없었다. 그래서 한 번 머물러 보자는 생각을 하게 되었다.

그곳에서 나는 기 노인 부부와 그들 노부부의 예쁜 딸과 함께 지내게 되었다. 심산유곡이라 식사는 거의 감자와 옥수수를 섞어 지은 잡곡밥이 고작이다. 그렇지만 그 시절이 그러하듯 그런대로 먹을 만했다.

당시 내가 보기에 노인은 70대 중반은 되어 보였고, 딸은 20대 초반 정도로 보였다. 그녀는 산골에서 나서 산골에서만 살았다고 하였다. 산골에서 그렇게 살아서 그런지는 몰라도 그녀의 눈빛이 얼마나 깨끗하던지 놀라지 않을 수 없었다. 그녀의 눈빛은 남태평양의 어느 해변에서나 볼 수 있는 에메랄드 빛이었다. 물론 지금 생각하면 그런 빛이 과연 건강하고 아름다운 눈빛이 되는지는 모르겠다. 당시 그녀를 바라본 내 눈으로는 의심할 수 없는 푸른 에메랄드 빛 그 자체였다. 당시에도 느꼈지만 일반적으로 젊은 여인에게서 단 한 번도 그렇게 푸른 눈빛은 보지 못하였던 터라 그런지 몰라도 산골 처녀의 순결한 모습으로 받아들여졌다.

그렇게 함께 보내길 며칠이 지났다. 노인은 나에게 청자(靑子)라는 호를 받지 않겠냐고 했다. 나는 즉답을 피했다. 내가 그곳에 머문 본래 의도는 내가 공부하는 불법보다 더 수승한 진리나 가르침이 있다면 그것을 택할 수 있다는 생각을 했기 때문이었다. '무엇이 생과 사를 조절할 수 있는가?' 나는 그것이 알고 싶어서 그곳에 머물렀던 것이다.

하루는 노인이 내게 묻기를, "어젯밤 꿈에 혹시 몸이 날지 않았느냐?"고 했다. 나는 아니라고 하였다. 그러자 노인은 약간의 정색을 하고는, "자네가 아직 나를 믿지 않는구나." 하면서 주역(周易)의 서문 이야기를 들려주었다. "모든 것이 신의 조화로움으로 사람이 알지 못하는 것을 신은 안다……" 등의 내용이다. 정리해 보면 불교에서 말하는 신족통(神足通)과 같은 이야기다.

소축, 중축, 대축 등 축지(蹴地)법에 관한 이야기를 했다. 소축이 뜀박질을 빨리 하는 정도라면 중축은 산과 산을 함축하듯 나아가고, 대축은 몸이 누운 상태로 날므로 보통 사람들은 볼 수 없다 했다.

아무튼 노인의 거처에서 일주일가량 지내고 나서 내가 내린 결론은 세상에 아무리 좋은 방편이 있다 한들 부처님의 가르침에 비견(比肩)할 수 없다는 것이다. 부처님은 진리를 보이고 가르친다. 그 어떤 사람이 특별한 방편을 보인다고 한다면, 그것은 하나의 술(術)에 불과하다고 여긴다.

나는 그렇게 판단을 내리고 그 길로 그곳을 나섰다. 그때로부터 세월이 많이 지났다. 어느 날 꿈속에서 내가 날고 있었다. 처음에는 한 사람을 안고 나는데, 아래로는 수많은 인가가 보였다. 다른 한 사람이 자기도 함께 구원해 달라는 요청을 받고, 나는 양팔로 두 사람을 끼고 훨훨 날았다. 꿈에서 깨어나 잠시 생각했다. 그때 그 노인이 내게 했던 말이 바로 이런 것이었나?

코스모스 향기에 취하다

내가 처음 그녀를 만난 것은, 푸른 바다가 넘실거리고 기암절벽이 있는 부산 태종대(太宗臺)다. 그 당시 속리산 법주사에서 불교 공부를 하다가 건강이 좋지 않아, 밀양 무봉암(舞鳳庵)에서 잠시 쉬고 있을 때였다. 나는 평소 바다를 사랑했다. 바다의 검푸른 파도와 갈매기, 그리고 하얀 포말, 아! 상상만 해도 싱그럽지 않은가.

그런 바다가 보고 싶었다. 어디를 갈까 망설이다가 태종대가 생각났다. 태종대는 자주 가지는 못했다. 바다를 좋아했어도 자주 가는 바다는 해운대다. 그러나 그날은 태종대가 목적지가 되었다. 태종대는 기암으로 이루어진 가파른 절벽 위에 있는 누각의 이름이다. 그곳이 먼 바다를 감상하기에는 참 좋은 곳이다. 그곳에는 절도 있었다. 나는 법당에 들어가 부처님께 인사를 하고 나오는데, 저만치 한 여인이 보였다. 밝은 빛깔의 옷을 입은 키가 꽤 큰 여자였다. 그녀는 법당이 있는 곳으로 걸어왔다. 자연히 나와 마주쳤는데, 가까이서 보는 그녀는 매우 아름다워 보였다. 코발트색 투피스를 입고 간결한 파마머리에 키가 170이 넘어 보이는 흰 피부에 훤칠한 미인이었다. 나는 순간, "이런 미인이 왜 이곳에 왔을까?" 하는 번뇌를 좀 일으켰다(중은 여자를 보아도 여자로 보지 말아야 한다는데 말이다). 그때 그녀가 나에게 물었다. "스님, 이곳에 사세요?" 나는 그렇지 않다고 말하면서 되물었다. "혹, 무~슨 일이라도……" 그러자 그녀가 말했다. "제가 이상해 보였어요? 아무 일도 아니에요. 바다를 보면서 부처님 생각했어요." 나는 그 말에 내심 놀랐다. 그녀는 자기가 어려운 사람 돕는 일을 하겠다면서 '부처님께서는 일생을 남을 위해 사셨는데, 나도 그런 일을 잘 할 수 있을까?' 하는 생각으로 부처님을 생각하게 되었다는 말을 했다. 그렇게 아름다운 여자가 마음도 아름답게 보여서 좋았다.

우리는 이렇게 해서 많은 이야기를 나누며, 앞날에 대한 생각도 하게 되었다. 그녀의 나이는 스물 몇 살 정도로 보였고, 내 나이는 스물셋이었다. 마침 그녀가 시간이 있으니 좋은 절을 좀 안내해 주면 좋겠다는 제안을 해 왔다. 나는 잠시 생각을 하다가 경주 불국사 석굴암에 가면 어떻겠느냐고 물으니 좋다고 했다. 석굴암에는 재무 소임을 보는 스님이 법주사 강원 도반이라

한 번 가 보고 싶었던 터라, 곧장 석굴암으로 갔다. 석굴암에 도착하니 성천 스님이 반겨 주었다. 그리고 하루 묵고 가라는 제안에 그녀도 나도 좋아했다. 그날 우리는 거룩한 도량 석굴암에서 하루를 묵기로 하고, 나는 도반과 함께 자고 그녀는 공양주 방에서 공양주 보살과 함께 자기로 했다. 시간이 조금 지나서 저녁 공양을 하고 부처님께 저녁 예불도 올렸다. 예불을 마치고 나니 도반 스님이 석굴암의 밤 풍경이 좋다는 말을 했다. 그래서 나는 그녀와 함께 도량 산책을 하기로 했다. 석굴암 도량이 그렇게 좋은 줄은 그때 처음 알았다. 가을 밤, 코스모스가 활짝 피어 있었고 오솔길이 정답게 나 있었다. 그녀와 함께 오솔길을 걸으며 그녀의 앞날과 나의 앞날에 대하여 서로 이야기하던 중 그녀가 코스모스에 얼굴을 가까이 하더니, "스님, 코스모스 향기에서 스님 냄새가 나요." 하지 않는가. 그 말을 듣는 순간 수행인의 자세를 떠나, 잠시 세속적 감상에 젖어 들었다. 입산을 한 지 4년째 들어서서 처음으로 '세속의 달콤한 향기'에 빠져들지 않았을까 하는 생각을 해본다.

그날 밤은 그렇게 보내고 아침에 다시 부산으로 왔다. 그녀의 집이 부산 전포동 어디쯤 정도라고 말했다. 그녀는 나에게 '시'를 쓴다는 것과 머지않아 도미(渡美)를 한다고 했다. 그날 그냥 헤어지기에는 아쉬움이 남는 것 같아, 영화를 보려고 극장을 찾았다. 국도극장이었고 영화 제목은 〈쉘부르의 우산〉이었다.

뒤에 알게 되었지만 프랑스 노르망디 지방의 항구 도시 쉘부르에서 우산 가게를 하는 어머니와 아직은 철이 덜 든 아가씨 쥬느뷔에브가 스무 살의 청년 기이와 나눈 사랑 이야기이다. 둘은 서로 사랑했고, 그로 인해서 어린 쥬느뷔에브가 임신을 한다. 임신한 사실을 모르는 기이는 한동안 연락이 두절되었다. 그러던 어느 날, 카잘이라는 멋쟁이 신사가 나타났다. 그는 쥬느뷔에브를 좋아했고, 그녀가 임신한 애까지도 키우겠다고 구애를 해서 서로 결혼까지 했다. 그 후 쥬느뷔에브와 기이가 서로 잊지 못해 하는 내용이다.

  나는 매표소 앞에서 돈을 꺼내려고 바랑을 뒤져 보았지만 가진 돈은 모두 3천 원뿐이었다. 당시 입장료가 2천 원인데 두 장을 사야 하니 천 원이 부족했다. 나는 난감했다. 그때 그녀가 극장 표 받는 사람에게 가서 사정을 했지만 들어주지 않았다. 아쉽고 허탈한 마음으로 우리는 그렇게 헤어졌다.
  그로부터 2년이 지나 우연히도 광복동 거리에서 다시 그녀를 보게 되었다. 처음에는 알아보지 못할 정도로 화사하고 아름다움 그대로였다. 어디선가 본 듯한 느낌으로 서로가 얼굴을 마주하다가, 그때 그렇게 만나고, 그렇게 헤어진 사람이라는 것을 알고서는 깜짝 놀라지 않을 수 없었다. 그녀는 그동안 있었던 이야기를 나에게 했다. 처음 나를 만났을 때 말하였듯, 복지 일을 하기 위해 미국에 가려고 비자를 신청했는데, 비자가 빨리 나오지 않았다. 자세한 내용은 알 수 없지만 서울 은평구의 J사찰에서 머물렀다고 했고 비자가 빨리 나오지 않아서 다시 부산으로 왔다고 했다. 그때 나는 부산 범어사에서 불교 공부를 하고 있었다. 반가운 나머지 내가 공부하는 범어사에 가고 싶어 해서, 범어사 입구에서 내려 범어사를 향해 걷다가 그 근처에 사는 나의 세속 친구가 생각나서 그곳에 함께 들렀다. 모처럼 만난 친구와 이런저런 이야기를 하다가 시간이 꽤 지나서 그녀는 자기 집으로 가고, 나는 새벽 예불 시간에 이르러 범어사로 돌아왔다.

세월이 좀 흘러갔다. 한 번은 그 친구에게 들렀다. 속세의 친구지만 사는 곳이 바로 내가 공부했던 절 입구이다 보니 들르기가 쉬웠다. 그때 친구가 말하길, 그녀가 나의 소식을 물어 왔지만, 스님의 수행에 방해가 될까 봐 말하지 않았다고 했다. 그리고 2년 전에 온 편지라 하면서 내게 내어 보였다. 나는 그녀가 보고 싶었다. 그렇지만 '나는 출가승……'이라는 생각을 하며 쓸쓸히 친구 집을 나왔다. 그날의 〈쉘부르의 우산〉을 생각하며, 코스모스 향기를 느끼면서.

춘양에서의 설움

 춘양(春陽)역에 막 내렸다. 해는 이미 졌고, 날씨는 무척 추웠다. 나그네의 설움이라 했던가. 이럴 때면 '춥고 배고프다'라는 말이 실감이 난다. 영동선 별어곡역에서 기차를 탔는데 지금 같은 시절이 아니라, 기차를 탄 시간이 꽤 많이 걸려서 이곳 춘양에 도착했다. 지금도 정확한 시간은 추정하기가 어렵다. 다만 그 시절을 회상하면서 추정할 뿐이다.
 늦은 밤 춘양역에 내리기는 내렸는데, 날은 춥고 배는 많이 고팠다. 누구 하나 반기는 이 없었다. 당연한 것이, 누가 춘양으로 오라고 한 일이 없었으니 말이다. 초대하지 않아도 어쩔 수 없이 가는 것, '뭐 그런 거'가 바로 당시의 내 처지였다.
 이야기를 거슬러 올라가자면 난생 처음 몸에 병이 들어서 병 고치기 위해 강원도 정선군 화암리 불암사 토굴에서 어느 정도 몸을 추슬러서 나오게 되었다. 나오는 길이 너무 험하고 힘들고 해서, 시간이 많이 걸렸다. 험하고 힘들 수밖에 없었던 것은 불암사 토굴에서 나올 때 가진 돈이 5백 원뿐이니, 정상적으로 버스 타고 기차 타고 갈 수가 없었다. 목적지 부산을 향하는데, 어떻게 갈까 망설이는 순간, 이 생각 저 생각이 떠올랐다. 떠오른 생각이라고 해봐야 어떻게 돈 없이 갈 수 있을까, 하는 것이다. 버스를 타고 동면까지 가서, 다시 버스를 갈아 탄 후 정선역까지 가서 기차를 타야 목적지로 갈 수 있다. 문제는 돈이다. 돈이라고 해야 5백 원이 전부다.

시간은 아침 공양을 마친 지 얼마 지나지 않았다. 궁구한 끝에 산을 넘어 질러가는 길을 택했다. 질러간다는 것이 그때야 가능했지, 지금 같으면 엄두도 내지 못한다. 산길은 험하다. 아무리 질러간다지만 산길 50리는 대단한 거리가 아닐 수 없다. 그렇지만 나는 부지런히 걸었다. 그렇게 걸어서 별어곡이라는 역에 도착했다. 역에 도착하자 너무 배가 고픈 나머지 2백 원 정도로 빵을 사서 허기를 채웠다. 그리고 가진 돈 모두로 입석을 사니 춘양까지만 갈 수 있었다.

그렇게 춘양역에 내렸지만 어디를 가야 할지 그저 막막할 뿐이다. 어렴풋이 춘양에는 각화사라는 절이 있다는 소리를 들은 기억이 났다. 시간도 늦었고 버스도 탈 수 없었다. 밤이 늦어 모르는 절을 찾는 것도 옳지 않지만, 돈 떨어지고 버스 길 떨어지니, 오직 춘양읍에서 하룻밤을 보내야 할 처지였다. 이미 산길 50리에 빵 한 개 먹었다지만 점심도 먹지 못하고 밤마저 깊어 가는지라, 주린 배는 더해만 갔다. 먹는 것도 해결해야 하고, 자는 것도 해결해야 했다. 나는 용기를 내어 우동이라도 한 그릇 해결하려고 중국집 문 앞에 들어섰다. 막상 용기를 가지고 중국집을 찾았지만, 돈 없이 음식을 달라고 할 수 없었다. 또 다른 집을 찾았다. 역시나 용기가 나지 않았다.

그날이 음력 정월 열엿새라 아직은 추웠다. 특히 태백산맥 준령의 춘양이라 더욱 추웠던 것 같다. 물론 배가 고프니 더 추울 수도 있을 것이다. 날은 춥고 배는 고프고, 중국집 앞에 이르기를 대여섯 번은 했다. 그렇지만 차마 외상으로 밥 달라 소리가 나오지 않았다. 아마 지금 같아선 우동 한 그릇 얼마든지 먹을 용기가 있지만, 당시에는 나이가 어려서 그랬는지, 용기를 내다가도 막상 중국집 앞에 다다르면 그 용기는 다 어디 가고 서글픔만 더했다. 밥은 굶기로 했다.

그러나 잠잘 곳은 있어야 했다. 머리를 짰다. 이곳에서 30리 밖에 각화사가 있으니 스님들의 내왕이 있을 것이라는 생각으로 용기를 내어 한 여관을 찾았다. 여관에서 주인으로 보이는 나이가 좀 들어 보이는 초로의 할머니 정도로 기억이 된다. 나는 난생 처음 내가 살기 위해서 거짓말을 하기로 마음먹었다.
"어~ 저는 각화사에 사는 스님인데요, 오늘은 돈이 없지만 내일은 꼭 갚아 드릴 테니 하룻밤 묵어 갈 수 있게 해주세요." 하자 별 의심하지 않는 듯 방을 안내해 주었다. 순간 기분이 좋았다. 내일이면 각화사에 들러 사정 이야기를 하고 여관비를 줘야겠다는 생각을 했다.

그런데 안내받은 방에 들어가니 참 기가 찰 노릇이 아닐 수 없었다. 주인이 볼 때 돈을 줄 스님으로 보이지 않았는지 방은 방인데, 불이 들어오지 않는 방이다. 상상해 보라! 강원도 태백산 자락, 춘양이 얼마나 추운 곳인가. 그런 곳에서 한겨울 불 때지 않은 방에서 잔다고 생각하니 끔찍할 뿐이다. 마침 베개가 보여서 베개를 당기는데 얼마나 사용하지 않던 방인지 베개에서 먼지가 새카맣게 묻어났다. 돈 없이 자는 처지라 한데보다는 낫지 않겠나 하는 생각을 하며 하룻밤을 묵었다. 이불도 얇은 담요 한 장 정도였던 기억이다. 당연히 얼어 죽지는 않았지만, 잠은 조금도 잘 수가 없었다. 그냥 밤새 바들바들 떨었다.

그렇게 움츠리고 떨다가 날이 새기가 무섭게 각화사를 물어서 그쪽 방향으로 길을 걸었다. 읍에서 30리 길이다. 추운 겨울 아침 굶주린 배를 움켜쥐듯 해서 저만치 걸어가는데, 학교에 가는 학생들이 입에서 하얀 입김을 내뿜으며 바삐 걷는 모습이 그렇게 배부른 모습으로 내게 다가올 수가 없었다.

그렇게 걷고 또 걸어서 각화사에 도착했다. 너무도 배가 고팠던 터라 정말 하늘이 노랗게 보였다. 그곳 주지 스님같이 보이는 분이 신도들과 함께 어디를 가려고 차를 기다리는 중이라 했다. 나는 다짜고짜 밥을 달라고 했다. 주지 스님이 지금 각화사는 공양주가 없어 밥을 줄 수가 없다고 하면서, "지금 차를 불러 놓았으니 차가 오면 함께 나갑시다." 하는 소리에 어쩔 수 없는 노릇이라 시간은 오전 열한 시쯤이었던 것으로 기억나는데, 또 한참을 기다리니 차가 왔다. 함께 춘양읍까지 가서는 차에서 내렸다. 그리고 나에게 어디까지 가느냐고 물었다. 나는 내가 가야 할 곳은 부산이라고 대답을 했다. 스님의 마음이 넉넉했다. 지갑에서 돈 2천 원을 꺼내 나에게 주었다. 당시 2천 원은 꽤 큰돈이다. 그 정도면 부산까지 충분히 가고도 남는 돈이다. 나는 그 돈을 받아 들고 어젯밤 외상으로 잠잤던 여관을 찾았다. 여관 앞에서 어젯밤 밤새 떨었던 생각을 하니 선뜻 돈을 줄 수가 없었다. 몇 번을 망설이다가, 끝내 이런 여관비는 줄 필요가 없다는 생각으로 발길을 돌리고 말았다.

겨울 산행

오래전의 일이다. 한 해가 저물어 가고 날은 추워지는데, 등산을 하고픈 생각이 막 일어났다. 떠난다면 어디를 갈 것인가 궁리하던 차에 지리산 쌍계사를 가기로 마음을 먹었다. 가끔 등산을 하던 터라 등산 장비는 좀 가지고 있었다. 겨울 등반에 필요한 텐트, 에어 매트, 코펠, 버너 등 평소 준비되어 있는 것들과 필요한 것은 보충을 하고 겨울 파카와 만약을 위해 텐트 전체를 덮을 수 있도록 큰 비닐까지 준비를 하였다. 그리고는 곧장 진주를 거쳐 하동 쌍계사로 갔다. 쌍계사에 도착하니 눈이 제법 많이 와 있었다. 두 발이 빠져서 걸음걸이가 편하지 못할 정도였고, 또한 쌍계사 옆 등산로를 오르려는데 갑자기 눈이 오지 않는가? 나뭇가지 사이로 소복하게 쌓이고, 한편 바람의 기운으로 무너져 내리기도 하였다.

내가 갈 수만 있다면 쌍계사로 하여 노고단을 가려고 하던 참에 처음 출발부터가 꼭 가야 한다는 목적 설정이 분명하지 않아서일까, 눈으로 인하여 길이 막혀 버렸다. 지금 생각하니 국사암 근처인가까지 갔을 때 도저히 눈 때문에 갈 수 없다는 판단을 하고 잠시 서서 주춤거리는데, '눈밭에 사슴'이라는 말이 있지만, 요정은 처음이라 실감이 나지 않았다. 내가 본 여자 중에 그렇게 아름다워 보이는 여인은 처음이었다. 백옥처럼 흰 얼굴에 눈동자는 밤하늘의 별빛 같았고, 까만 머리는 편하고 단정하게 내려뜨렸으며, 옷은 카키색 톤으로 꽤 단정하게 보였다. 그는 분명 살아 움직이고 생명이 있고 옆에서 대화를 할 수 있는 요정 아닌 요정이자 미인이었다. 그때 우연히도 그 미인과 함께 산길을 걸으며 내려올 수 있었다.

그녀와 함께 쌍계사 쪽으로 내려오는 길 위로 약간의 둔덕이 있는 곳에 산장이 보였다. 그녀와 나는 따뜻한 커피 한 잔을 할 생각으로 그곳으로 갔다. 함께 갈 수 있어 행복한 순간이었지만 특별한 목적을 두지는 않았다. 우연히 눈이 내렸고 더 이상 산행을 하기가 어려워서 함께 동행을 했을 뿐이다. 다만 고즈넉한 산비탈에서 아름다운 여인을 만나 함께 길을 걷게 된 것뿐이다.

산장에 들어서니 주인이 반갑게 우리를 맞아 주었다. 지금 생각하면 나와 동행한 여자가 워낙 뛰어난 미인이라 미인에 대한 대접을 좀 하지 않았을까 하는 생각을 한다. 이렇게 말하는 내 자신이 조금은 쑥스럽다. 아무튼 커피를 한 잔 나누면서 이런저런 이야기를 나눌 수 있어서 행복했었다. 그러나 나는 승려다. 승려란 세속을 버리고 자신과 싸우는 수행자다. 그런 위치에서 아름다운 여인과 긴 이야기를 나누기는 무리였다. 눈 속의 요정을 눈꽃쯤으로 생각하고 나는 그녀와 헤어져 홀로 하산을 하였다.

내가 머무는 동해 바다 영일만까지는 하루 만에 쉽게 갈 수 있는 곳이 아니었다. 해서 일단 진주로 내려갔다. 진주는 시가지로 남강이 흐르고 외곽으로는 지리산의 맑은 물줄기가 경호강이 되어 흐르는 고도이다. 버스에서 내린 나는 우선 추위도 녹일 겸 다방에 들어가서 커피를 한 잔 시켰다. 다방이라 그런지 내 행색이 그런지 그곳 마담이 나에게 다가와 앉았다. 우선 외형적으로 보면 등산객 모습이지 스님은 아니다. 마담이 말을 걸어 왔다. 지금 어디서 오는 길이냐는 등 몇 가지 통상적인 물음을 하고는 오늘이 12월 24일인데 진주 ○○호텔 나이트클럽에 같이 가서 놀았으면 좋겠다고 제안을 해 왔다. 나는 속으로 '나는 중인데, 나이트클럽이라니 말도 안 돼.' 하는 생각을 하면서 마담의 제안을 거절했다. 그 마담이 무슨 꿍꿍이가 있는지, 그렇지 않으면 그 추운 날 등산 배낭 메고 다니는 모습이 안타까워 보여 그러는지, 나이트클럽을 가지 않겠다면 남강에 있는 포장마차에 가서 소주라도 한 잔 하자는 것이다. 나는 그것도 쉽게 들어줄 수가 없었다. 첫째 드러나지는 않았지만 나는 어디까지나 중이요, 또한 곡차를 평소 하지도 않을 뿐 아니라 잘하지도 못한다. 그런데 이 여우 같은 마담이 찰싹 달라붙어 떨어지지 않으니 만약 술까지 같이 한다면 그 다음은 무슨 일이 또 생길지 더욱 걱정이 되기도 했다. 그래서 나는 그 마담의 청을 뿌리치고 홀로 겨울 남강을 가 보았다. 강가라 꽤 추웠다. 텐트를 치고 텐트 위에 비닐을 치고 텐트 바닥에는 에어 매트를 깔았다. 그리고 가지고 온 침낭 속에서 지퍼를 위로 올린 채 잠을 청했다. 그러나 생각과 현실은 바로 이런 것이었다. 에어 매트가 찬 기운을 막겠지, 텐트에 비닐까지 치니 완벽하리만큼 추위를 막겠지 하는 것들은 다 빗나가고, 너무도 추워서 밤새 잠 한 번 자지 못하고 아침에 일어나니 눈인지 서리인지 온통 다 하얗게 보일 뿐이다. 이것이 나의 겨울 산행인가 생각하면 지금도 마음이 허허롭고 허허로운 마음만 가득하다.

꿈에 본 나의 아버지

내 고향 양산 춘추원사(春秋園寺)에 잠시 머물 때 일이다. 그 절은 이름처럼 봄가을을 즐기는 동산인지도 모른다. 읍내가 바라보이는 동산에다가 아래로는 낙동강 지천이 흐르는 곳이다. 나는 그때 부산 동명불원에서 거처하다 이곳에 온 지 불과 며칠 정도밖에 되지 않았다. 사실 나의 본적지가 여기에 속하고 보니 좀 지내기가 불편하다면 불편한 절이다. 그러나 그 당시 나는 정신적으로 꽤 방황한 것 같았다. 그러니 그때는 어쩔 수 없이 잠시 머물게 되었다. 나는 입산한 지가 10년이 넘었지만 양산에 있는 부모님께 찾아가는 일도 드물었고 한 번도 집에 들러서 유숙을 하거나 공양을 하지 않았다. 왜 그랬지 나도 모르겠다. 대개 입산을 하면 스님들은 집을 멀리하는 것이 당연한지도 모른다. 그러니 꿈속에서라도 부모님의 환상을 볼 기회가 별로 없다. 꿈이라는 것도 생각이 있어야 가능한 것, 출가 했다는 생각으로, 세속을 잊는다는 신념으로 부모, 형제, 고향을 마음으로부터 멀리하니 자연히 꿈엔들 볼 수 있겠나? 그런 것들이 지금 생각하면 부모님께 죄스러울 뿐이다.

그렇게 지내던 어느 날 꿈속에서 나는 아버지를 뵙게 되었다. 이제껏 성장하면서 나의 아버지가 이렇게 훌륭히 보일 때는 없었던 것 같다. 꿈속에서 아버님은 큰 다리를 놓는 토목 건축가가 되셨다. 아버지는 나무를 깎고 있었고, 그 모습은 사뭇 장중해 보였다. 꿈속에서나마 나의 아버지가 이제 머지않은 여생을 두고 마지막 작품을 하나 남기고 가시려고 그러는가 보다 하는 생각을 하였다. 아버지는 어느새 육중하고도 곧게 뻗은 육송을 매만지는데, 그 육송의 길이가 족히 30자는 되어 보였다. 그 옆에 20자가량 되어 보이는 쭉 곧은 육송이 벗은 채로 윤이 나고 있었고, 아버지는 한 개씩 조립만 하면 될 것 같은 그런 정도로 마무리를 하고 있었다. 옆에는 다리 난간에 쓸 재목이 보이는데, 뾰쪽한 칼처럼 생긴 나무를 하나씩 조립을 해서 꿰어 맞추면 되도록 다듬어져 있었다. 비록 꿈속에서 본 아버지의 모습이지만, 꼭 극락세계를 가는 다리를 만드는 것 같음을 느꼈다.

우리가 이 세상을 살아가자면 누구나 한 번쯤은 생각하게 되는 것이 있다. 그것은 바로 자기가 이 세상에 남길 수 있는 것이 무엇인가 하는 것이다. "기러기가 하늘 끝까지 날아감에 모래밭에 자국만 남고, 사람이 황천에 가면 그 집과 이름을 남긴다."라는 옛말이 있다. '홍거천말재사적(鴻去天末在沙跡) 인거황천재가명(人去黃天在家名)' 이 말이 세속적이라면, 불교는 그것과 또 다른 면이 있다. 옛날 중국 당나라 때 동산 양개(洞山良介) 스님의 게송(偈頌)에는,

불구명리불구영(不求名利不求榮)
지마수연도차생(只麽隨緣度此生)
삼촌기소수시주(三寸氣消誰是主)
백년신후만허명(百年身後謾虛名)

명리(名利)도 구하지 않고, 영화(榮華)도 구하지 않습니다.
다만 인연을 따라 이 생을 제도 받을 뿐
세 마디(三寸)의 기운이 소멸될 때, 누가 주인이라 하겠으며
백년 인생살이 끝내 이름마저 부질없는 것을.

세상은 이름을 남기기 위해 온갖 작태를 다 부린다 해도, 수행자만은 그렇게 살아서 안 되는 것이다. 그러나 오늘 세상사가 어찌 그렇게만 된단 말인가? 출가(出家)를 했다는, 소위 큰스님

소리를 듣는 스님들 중에도 명예와 재물, 권력에 눈이 어두운 경우도 있으니, 아마 이 세상은 어느 귀착지로 흘러갈 것인가 하는 걱정이 들기도 한다.

세인은 세속에서 자기의 할 일을 다할 수 있어야 하고, 출가사문(出家沙門)은 사문으로서 자기 수행에 본분을 다한다면, 이 사회는 좀 더 밝아지지 않을까?

오늘날 우리 사회는 금력과 권모술수가 판을 친다. 내가 살기 위해서는 나의 가장 가까웠던 친구도 버릴 수 있고, 좀 더 극단적으로 말한다면 내 형제, 내 부모까지도 버릴 수 있다. 이것이 오늘날 우리가 사는 사회 현실이 아닌가 생각한다. 칸트Kant는 그의 『인생론』에서 철학의 네 가지 주요 문제를 말한다.

나는 무엇을 알 수 있느냐
나는 무엇을 해야 하느냐
나는 무엇을 바랄 수 있느냐
인간이란 무엇인가?

그는 앞에서 말한 나는 무엇을 알 수 있느냐 하는 문제를 놓고, 형이상학(形而上學)으로 대답을 하려고 했다. 두 번째, 무엇을 해야 하느냐 하는 문제를 놓고 도덕, 즉 인간의 기본이라 할 수 있는 원리를 내세웠다. 세 번째, 나는 무엇을 바랄 수 있느냐

하는 물음에 종교에서만이 찾을 수 있다는 것을 밝혔다. 그는 네 번째 물음인, 인간에 대한 인간이란 무엇인가? 이것은 인간을 배우는 길에서만이 가능하다는 것을 말하고 있다.

우리의 불교는, 이 세상을 바로 살아가려면 지혜가 있어야 한다고 강조한다. 이 지혜야말로 아기가 세상에 처음 나와서 걸음마를 배우는 것처럼, 지혜는 우리의 인생에 있어서 절대적이라고 보는 것이 불교다. 그러기에 불교는 이 지혜를 가르치는 종교다. 지혜는 어리석음으로부터 벗어난 바른 삶을 영위해 나가는 힘이라고 할 수 있다.

---

* 동산 양개 : 807~889. 중국 회계 사람으로 성은 유(兪)씨. 청원 문하의 4세 운암 담성(雲巖曇晟)의 법제자.
* 출가 사문 : 출가한 수행자(스님).
* 칸트 : Kant, Immanuel. 1724~1804. 독일 철학자. 계몽주의 사상가.

칠포 해수욕장에서

　포항 운제산(雲梯山)에서도 자장암(慈藏庵)에 살 때다. 가끔 시간이 나는 대로 아래에 있는 오어사(吾魚寺)에 들리곤 한다. 오어사는 자장암의 큰절이다. 그러므로 자주 오르고 내리고 하는 곳이다. 내려가면 항상 여러 스님들이 있으니, 잠시 바둑을 둘 때도 있고, 도끼로 장작을 패기도 한다. 어떤 때는 오어사 마당 앞에 펼쳐진 푸른 호수에서 스님들과 함께 노 저으며 뱃놀이를 즐기기도 하고, 호수에 텀벙 뛰어들어 수영 솜씨를 보이기도 한다.

　이렇게 오어사의 대중 스님들과 함께 여가를 즐기던 어느 여름 날, 바다 이야기가 나왔다. 그래서 바다에 가기로 하였다. 어디를 가면 좋을까, 의논을 하다가 날을 정해 칠포로 가기로 했다. 막상 해수욕장을 간다고 하였지만, 평소 산에서만 어울리는 회색 승복에 맞추어 수행해 오던 관습이 있어서일까? 조금은 어색해 하는 스님도 있었다.

한편으로는 산에서만 즐기던 수행자들이 해수욕장을 간다는 사실에 호기심도 발동하였지만 바닷가에 가면 옷을 벗어야 하는데, 수행자는 잠을 잘 때도 속인들처럼 옷을 벗지 않고 잠잔다. 그런 스님들이 옷을 홀라당 벗는다고 상상해 보라! 얼마나 멋쩍어 할까? 또한 수영복 차림에 빡빡 깎은 머리, 혹시 아는 사람이라도 만나면 난처하기 그지없는 일이 될 것은 보나마나 뻔한 일일 것이고, 나를 비롯한 모두가 한 번쯤 생각했을 것이다. 먹물 옷을 벗는다는 것은 당시 스님들로서는 상상하기가 어려웠다. 세속인은 외출할 때는 외출복을 입고 잠잘 때는 잠옷을 입는다. 그러나 스님들은 외출을 하거나 잠을 자거나 그 옷이 그 옷이다. 특히 잠을 잘 때 옷을 벗어 살갗이 드러난 상태에서 절대로 잠을 자지 않는다. 그것은 큰 사찰에서 수행을 하는 데 일종의 지켜야 할 청규요, 그 청규가 어디를 가나 관습적으로 내려왔다.

이토록 옷을 벗지 않는 스님들이 바닷가에 가면 옷을 벗어야 한다는 것이 중압감이라면 중압감이다. 그렇지만 우리는 각기 수영 팬티 한 장과 간단한 준비물을 가지고 갔다. 머리는 깎았지만 밀짚모자가 대신 커버하니 별 문제는 없었다. 우리는 그렇게 해서 하나둘 물속으로 들어갔다. 문제는 누구 할 것 없이 물

위로 밀짚모자가 둥둥 뜨는 것이 아닌가, 우리는 서로 보며 껄 껄대며 웃었다. 늘 근엄하게만 살다가 어린아이처럼 천진한 동심으로 돌아가 한참이나 웃고 떠들다 백사장에 쳐 놓은 텐트로 돌아왔다. 이때 수영복 차림의 아가씨 셋이 우리가 쳐 놓은 텐트 앞에서 무슨 섹시함을 과시라도 하듯 얼씬거리지 않는가. 우리 쪽도 스님 세 명이었다. 나는 이때다 싶어, "아가씨들, 혹시 뭘 도와 드릴까요?" 하면서 말을 던졌다. 이때 한 아가씨가 기다렸다는 듯 말을 건네 왔다. "과일을 좀 깎으려고……" 말끝을 흐렸다. 마침 우리 쪽에서도 기다렸다는 듯 과도를 정중히 갖다 바쳤다. 이때 성현 스님이, "이왕이면 우리도 과일이 많은데, 함께 먹으면 얼마나 좋을까요?" 하면서 미소를 마음껏 드러내 보였다. 그렇게 말하는 성현 스님이라 해도 이제 겨우 방위에서 막 벗어난 상태이니, 그들 아가씨와 같은 또래라 할 수 있다. 그쪽에서는 좋다고 말을 받았다.

  잠시 자기들 거처로 돌아가는가 하였더니, 다시 우리 쪽으로 다가오는데, 젊음의 각선미라 그런지 한마디로 멋졌다. 그때 우리는 수영복을 입고 밀짚모자를 쓰고 있었는데, 스스로의 신분이 신분이니만큼 조금은 부자연스러웠다. 그때 그중 리더 격으로 보이는 한 아가씨가, "댁은 어디에서 왔어요?" 하면서 물어왔다. 그 순간 당황하는 모습을 보이지 않으려고 하는 그런 모습 자체가 당황할 수밖에 없었다. 상상을 해보라. 거의 다 벗다시피 한 수영복 차림의 아가씨들 앞에 자신을 감춘 스님들이 서 있다는 것을……

그때 성현 스님이 나를 쳐다보며, "스님!" 이렇게 부르지 않는가. 그 소리를 듣는 순간 나 역시 당황하면서도 얼른 재치를 발휘하였다. "성님이라니, 형님이라 불러야지!" 하면서 한바탕 웃었다. 그쪽에서는 눈치를 채지는 못한 것 같았다. 얼핏 들으면 스님 소리가 성님(경상도 사투리) 소리와 비슷하다. 나는 순간 그것을 놓치지 않았다.

지금도 그때를 생각하면 아찔한 감이 든다. 우리는 그때 세 명의 아가씨와 잠시나마 백사장에서 재미있게 이야기꽃을 피울 수 있어 좋았다.

강가에 앉아서

 강물은 흐른다. 늘 흐르고 끊임없이 흐른다. 그렇게 굽이치며 흐르는 강물을 가만히 보고 있자면 어느 때는 소리치고, 어느 때는 적당히 타협하듯 굽이치며 넘는다. 그렇게 넘실대며 흘러가는 것이 마치 무대에 선 배우가 한 많은 인생을 몸짓 발짓을 해 가며 토해 내는 연기와 다르지 않음을 알 수 있다.

 나는 유년 시절을 강물과 함께 하였는데, 강가에서 동네 친구들과 함께 빼곡히 들어선 갈대 사이로 헤집고 다니면서 재미있게 놀았던 기억이 난다. "도리도리 암놈 왔다 수놈 왔다."를 불러 대면서 잠자리를 유인하며 놀기도 하고 소를 먹이기 위해 강변 둑에 소를 풀어놓고 소는 소대로 목동은 목동대로 또래 목동들과 함께 이리저리 뛰놀면서 네잎 클로버를 찾느라 검은 보생

타이어 고무신이 다 닳도록 풀밭을 헤매기도 하였다.

 불가에서는 수행자들이 강물을 애욕(愛慾)에 비유한다. 강물은 끊임없이 늘 흐르기 때문이다. 그렇게 늘 흐르는 것이 인간의 욕정과도 같기 때문에 수행자는 이 욕정을 뛰어넘으려고 부단히 노력한다. 욕정이란 쉽게 만들고 끊고 버리고 하는 것이 아니다. 그것은 본능에서 왔기 때문이다. 본능이란 인간의 생명이요, 생명 다함도 본능인 것이다.

 이처럼 강물은 살아 있는 것이요, 우리의 삶 그 자체인지도 모른다. 수행자의 입장에서는 끊어야 하고 넘어야 할 산이지만, 우리의 삶이 어찌 애욕을 다 끊고 살 수 있다는 말인가? 만해(卍海)는 〈님의 침묵〉에서 선사의 법문을 인용하여, "너는 사랑의 쇠사슬에 묶여서 고통을 받지 말고 사랑의 줄을 끊어라. 그러면 너의 마음이 즐거우리라."는 말에 반박하기를, 선사는 어리석다고 하면서, "사랑의 줄에 묶여 있는 것이 아프긴 하지만 그것을 끊으면 죽기보다 더 아픈 줄 모른다."라고 하였듯 세속에는 애욕을 끊고 살 수 없음을 말한다. 그것은 마치 흐르는 강물은 늘 흘러야만 하는 것과 같은 것이다.

 나는 강물을 사랑한다. 수행자의 분상에서는 강물은 꿈에서라도 넘어야 하고 다 말라 버려야 하는 것이지만 인간의 본연으로 보면 끊고 마르고 하는 것보다는 힘차게 늘 넘실대며 흘러야 하는 것이다. 나는 수행자의 분상에 있지만 그래도 강물이 좋은 것은, '강물은 늘 살아 있고, 생동감이 넘치고……' 하는 추상적 언사를 넘어 그냥 바라만 보고 있으면 그렇게 마음이 평온해질 수 없다. 무엇이 그렇게 편함을 줄까 생각해 보면 그것은 인간 생명의 원천이라 할 수 있는 물이기에 가능한 것이 아닐까? 이것은 나만이 좋아하고 편한 것이 아니라 인간의 시작이 바로 강 언덕에서 시작하는 것을 봐도 알 수 있는 것이다.

세계 인류 문화의 발상지의 하나인 중국에는 황하(黃河)와 양자(楊子) 강이 그것이고, 인도의 갠지스(恒河)가 그렇고, 오리엔트 문화의 발상지이자 페르시아 문화를 꽃피운 티그리스와 유프라테스가 그렇다. 뿐만 아니라 우리나라 한반도 허리를 휘어 감듯 흐르는 한강(漢江)이 있다. 이웃나라 일본의 동경에도 스미다(隅田) 강이 흐른다. 유럽도 마찬가지이다. 영국의 템스 강Thames River이 그렇고 파리의 센 강Seine River도 그렇다 또 내가 좋아하는 정열의 작곡가 비제George Bizet도 그의 고향 남프랑스의 론Rhone 강에서 〈아를르의 여인〉 조곡 제2번(미뉴에트)의 아름다운 선율을 남기지 않았을까 하는 생각을 해본다.

이렇듯 강물은 인간 생활의 원천을 이뤄 삶의 문화를 꽃피운다. 그렇지만 나는 그렇게 거창한 강물을 말하고 싶지 않다. 잘 조율된 악기에서 울려 나오는 소리처럼 끊임없이 유유히, 그리고 자적하게 어디로 흐를 줄도 모르고 그 끝도 모르지만 그저 흐르고 흐르는 강물의 모습이 나의 참모습(本來面目)인지도 모른다.

 또한 내가 슬플 때는 강물도 나와 함께 슬퍼한다. 기쁨에 젖어 잠시 나를 망각할 때면 나를 자조(自調)하게 함이, 내가 늘 강물을 사랑할 수밖에 없는 이유이기도 하다. 스스로가 스스로를 고르게 할 수 있을 때 자유자재(自由自在)라는 대자유인이 되는 것이지, 스스로를 조율하지 못하면 대자유인이 되지 못한다. 수행의 궁극 또한 이와 같아서 깨달았다 하면서 대자유인이 아니라면 그것은 진정 깨달은 사람이라 할 수 없을 것이다. 그것은 태초에 인간이 완성되면서 모든 것을 완벽하게 해 놓고도 숨구멍을 틔우지 못한 것쯤 되지 않을까 생각한다. 그러므로 나는 강물을 사랑한다. 사랑하기에 내가 있고 내가 있기에 영원함을 생각하고 영원함을 그리기에 잠시나마 행복을 느낄 수 있다.

2부
나는 자유인

내 생의 업장(業障)

　불교가 뭔지도 모르는 나이에 입산(入山)을 했고, 수행이 뭔지도 모르게 세월은 흘러만 갔다. 내가 불가(佛家)에 들어온 지 5년째 되던 해다. 그때 내 나이 스물셋, 아직은 세상의 깊은 경륜과 무상, 그리고 고뇌(苦惱) 등은 나에게 어울릴 수 없을 때다. 이팔청춘이라고 말하는 이성의 감각이 아직 채 발달되기 전이기도 하기 때문이다. 그저 끝없는 희망과 꿈의 누각을 지을 때라고 해야 할 것이다. 달리 말하면 파릇한 떡잎 촉을 틔어서 불문(佛門)이라는 거대한 고목에 접을 붙여, 이제야 제대로 접목이 성공된 그런 시기라고 보아야 할 것이다. 다만 타고난 나의 성격은 불 칼 같았고, 그 불 칼은 운명이라 해야 할지, 숙명이라 해야 할지 식을 줄 몰랐다. 적은 안목으로 자르고 싶으면 자르고, 붙이고 싶으면 붙이고, 그 결과도 제대로 이해 못하면서 그저 정의만을 입으로 외우고 뇌에 새길 때다.

바랑을 메었지만 바랑이 가지고 있는 참뜻이나 알 수 있을까? 낙타 등에 몸을 실은 나그네가 간절한 물 생각에 오아시스만을 그리듯, 그럴 때쯤이면 중이란 뭔가, 그저 막연히 되새겨 보다가 바람이 불면 바람 따라 낙엽이 되고, 때론 언제 터질지 모르는 풍선처럼 두둥실거리다 어디론가 흘러간다.

5년이라는 세월이면 부처님의 따뜻한 가슴 정도는 어루만져 봐야 할 텐데, 나는 부처님의 그림자조차 보지 못했으니 실체가 없는 번민 속에서 오직 정진(精進)! 정진만을 향할 때다. 언제나 그렇지만 가고 싶으면 가고, 때로는 실체 없이 허공에 떠도는 구름처럼 가슴을 풀어헤친 집시 보헤미안bohemian이나 봉두난발(蓬頭亂髮)한 여자가 되어 거리를 활보하는 것이나 별반 다를 게 없었을 것이다. 그러나 나의 길을 인도해 주신 스승이 가끔은 생각이 난다. 왜 그럴까? 그럴 때면 서울의 삼각산 적조암(寂照庵)을 찾아 스승을 뵙고 가르침을 받기도 한다. 그렇게 시간을 보내며 만행(萬行)을 할 때면 으레 도반(道伴)을 만나게 되고, 그러다 뜻이 서로 통하면 공부 처소를 함께 찾기도 한다. 마침 무더운 여름날이었다. 행자(行者) 동창생을 만난 것이다. 유난히도 특색을 가진 행자 도반이라 특색이라면 별난 특색은 아니지만 이마 위에 흉터가 하나 있으니 그것도 특색이라면 특색일 것이다. 함께 행자 생활을 할 때도 유난히 나를 좋아했었고 가깝게 지냈다.

당시는 스님들이 만나면 으레 묻는 인사가, "공부가 잘됩니까?"였다. 이것도 10년이 지난 현재는 그런 인사가 사라져 가고 있다. 참으로 안타까운 일이 아닐 수 없다. 우리는 잠시 동안 서로의 마음이 통했다. 우선 함께 처소를 찾아 한 철 나기로 약속을 한 것이다. 때는 해제(解制)라 스님들은 산문을 떠나 만행(萬行)의 길을 떠나는 때였고, 이럴 때면 젊은 수좌(修坐)들의 발걸음은 그대로 살아서 꿈틀대는 산 걸음(活步)이라고나 할까? 검은 눈동자의 막은 몇 억겁을 꿰뚫고도 남을 광채가 칼이 되어 번뜩이고, 가슴에 품은 대장부의 기개는 삼천 대천세계를 품고도 남음이 있을 정도이다. 이것이야말로 한 철 정진을 잘한 수좌의 참모습이 아니겠는가?

나는 이때 불전 사교(佛專四敎)를 막 끝내고 나온 참이었다. 마땅한 공부 처소를 찾아야 하는 나의 생각이나 같이 동행할 도반 생각이나 같았기 때문에 장소를 청도에 있는 호거산(虎距山)으로 정하고 식량을 운문사(雲門寺)나 사리암(舍利庵) 등에서 얻기로 합의를 하였다. 우리는 이렇게 합의를 했지만 막상 절도 없이 그저 심산유곡이라는 장소 하나만으로는 수행하는 데 상당히 어려움이 따를 수 있다. 우리가 수행을 하면 이런 것들이 바로 토굴(土窟) 생활이다. 우리가 흔히 토굴 하면, 흙을 판 굴로 아는데 그것은 잘못 아는 것이며, 그렇다 해서 호화로울 수는 없지만 보통 사람들이 거처할 만한 그런 처소라고 생각을 해도 좋다. 그러나 우리같이 이렇게 막연하게 소위 텐트나 덩굴로 집을 얽어 만든 토굴은 젊은 날의 혈기가 아니면 어려울 것이다. 우리는 내려갈 예정일을 며칠 앞두고 앞으로 몇 달을 견뎌 낼 최소한의 준비물을 갖추기 위해 서울에서 며칠 머물기로 했다.

산에서 늘 생활하던 나로서는 모처럼 도심에 나와 여기저기 돌아다니며 세상 구경이라도 나온 것 같았다. 식성이 좋은 나로서는 한 번쯤 이런 도심에 나와서 세상 구경하며, 맛있는 음식을 많이 먹을 수 있다면 이것도 부처님의 가피(加被)라 생각한다.

절간을 벗어나 세속에 머물 때면, 점심을 두 번으로 때운다. 분식을 좋아하던 터라 만두집을 찾을 때면, 만두 서너 통 비우는 것은 우습게 여길 정도였으니 말이다. 도반과 나는 시내로 나갔다 모 신도 집을 가던 길에 음식점에 들렀는데 메뉴는 카레 밥이었다. 카레 밥은 양식인지라 간간이 뭉쳐진 고깃덩어리가 씹힐 때면 조금은 꺼림칙했었다. 좀 더 큼직하게 썰었으면 씹기나 좋으련만 그래도 나는 그때까지 율사(律師)에 가깝게 살아왔지만, 그 정도쯤이야 하는 마음으로 나의 특유의 식 버릇은 씹는 둥 마는 둥 후딱 해치웠다. 그리고 우리는 신도 집을 향해서 발길을 옮겼지만, 신도 집은 보이지 않고 발길은 허탈했다.

그날 동행한 도반이 아는 신도 집을 찾느라 거리를 얼마나 헤매었든지 시장기가 들어 이번에는 중국집을 찾게 되었다. 촌놈 질보다 양이 우선이라고 짬뽕을 시켰다. 여느 때와 다름없이 꿀꺽 삼키는데, 식성이 떨어지는 것이 아닌가? 나는 그때 나도 모르게 '아!' 하는 감탄사가 흘러 나왔다. 그렇게 타의 추종을 불허하던 나의 식성에 제동이 걸린 것이다. 반 그릇도 채 먹지 않았는데 말이다. 몽롱한 나의 의식 세계는 자욱한 안개 속의 가시밭길을 걷는 것과 다르지 않았다. 신도 집은 강 건너 등불처럼 희미하게 멀어지고, 망망한 바다를 향한, 외아들을 기다리는 청상과부 신세 같았다. 우리는 할 수없이 우리의 목적지인 호거산(虎距山)으로 갈 것을 급히 서두르게 되었다. 나는 나도 모르는 푸념과 짜증을 나의 도반에게 던지게 되었고, 그 도반은 공을 정확히 받아 아웃을 시킨 포수처럼 헤어지게 되었다. 몸은 지쳐 가고 마음은 어지러웠다. 그러나 나는 좌절하지 않고 나 혼자라도 나의 목적지를 향한다는 생각으로 서울역을 갔었고, 청도를 향한 열차에 몸을 실었다. 기적은 울리고 열차는 덜컹거렸다. 시트에 기댄 채 내 영혼은 내 곁을 떠날 듯이 재촉하고, 육신은 한없는 회포를 토로하지 않는가. 인생이란 처음부터 함께 하는 것은 없으리라. 끝은 더욱 그러하리라.

 내 지난날의 파란 잔디 위에 몸을 뒹굴며 꿈을 키우던 어린 시절이 때 낀 차창에 수를 놓는 것이다. 기적 소리도 목이 메여 어미를 잃은 송아지 같았다. 만남은 무엇이며 헤어짐은 무엇인가. 조금 전만 해도 우리는 어떤 고난이 있을지라도 그것을 함께 나누자고 철석같이 약속을 하지 않았던가? 인생은 본래 만남도 헤어짐도 없는 것일까? 어차피 생은 잠시 쉬어 가는 노정기에 불과한 것을……. 싸늘하게 식어 가는 나의 의식과 흐느적거리는 내 육신을 실은 열차는 고삐 풀린 망아지가 마냥 펄떡거리는 것 같았다. 나의 의식 속에 하나의 커다란 기적 소리가 들렸고 나는 눈을 떴다. 열차는 수원역에 멈추는 것이다. 나는 더 이상 흐물거리는 육신을 시트에 맡기지 못한 채 바랑을 챙겨 역 구내를 빠져 나왔다.
 내 인생에 처음으로 발을 딛는 수원 땅이다. 인근에 절을 찾았지만 절은 보이지 않고 발길은 용주사(龍珠寺)를 향하고 있었다. 경기도의 본사 용주사라는 말은 들었지만 처음이었다. 객실에서 며칠을 지내면 회복되겠지 하는 막연한 생각으로 낡은 객실 벽을 향해 몸을 붙였다. 어찌된 일인지 몸을 일으켜 설 수 없을 정도다. 그동안 없던 일이 한꺼번에 닥친 느낌이다. 동서남북 어디를 가나 건강하다는 말만 들었지, 내가 이렇게 될 줄이야 하는 생각밖에 떠오르는 것이 없다. 참으로 무상(無常)이 바로 이런 것이구나 하는 생각을 연신 하게 되었다.

불가에서는 인간의 육신이 4대(地水火風)로부터 빌어 왔고 오온(五蘊. 色受想行識)이 거짓 화합해서 이루어진 헛된 몸이니 뭐니 하면서도 도를 닦는 데도 중요한 역할을 하는, 즉 없어서는 안 될 몸인 것이다. 이 세상 모든 존재하는 유위 현상(有爲形相)이 허망한 줄 모르지는 않지만, 나에게 있어서 무너져 내리는 나의 몸뚱이는 참으로 허허로웠다. 아무도 반겨 주지 않는 객실에서 홀로 있노라면 금방이라도 저승사자가, "네 이놈!" 하면서 잡아 갈 것만 같은 그런 순간의 연속이다.

부모를 버리고 형제를 여의고 그렇게 다정했던 친구마저 등을 돌릴 때 출가를 한 자신을 돌아보니, 이것도 끈끈히 매달려 온 '내 생의 업장(業障)'인가? 이틀이 지났다. 후원에서 주는 공양은 도저히 먹을 수 없어, 흔들리는 몸부림으로 객실을 박차고 일어서 시내를 나섰다. 수원 시내의 작은 병원을 찾았다. 진찰을 마친 의사는 지금 바로 입원하지 않으면 생명이 위태로울 수 있다는 말이다. 그러나 수행자의 본분이 그렇듯이 주머니의 경제는 언제나 청빈했다. 차가운 겨울바람은 문풍지를 타고 들어와 내 가슴을 얼리는데, 당장이라도 입원을 해서 병을 치료해야겠지만 그럴 형편이 되지 못했다. 궁리 끝에 내가 얼마 전에 공부했던 속리산으로 발걸음을 옮기기 시작했다. 그러나 내가 살던 곳이라는 막연한 생각으로 속리산 법주사를 찾았지만 나의 상상력은 보기 좋게 빗나가고 말았다. 병색이 짙은 나의 모습을 보고는 모두가 등을 돌리기에 바빴다. 일단은 객실에서 신세를 지기로 하고 누웠으나 보이는 것이라고는 고독한 산방 천장의 미세한 앙금에 매달린 채 하늘거리는 파리똥뿐이다.

인간은 누구나 봄날처럼 따뜻한 행복을 가지고 싶을 것이다. 그러나 이성이 성숙되지 못한 행복의 바람은 막연한 공상에 불과하다고나 할까? 어린아이가 무지개를 쫓는 것과 다르지 않을 것이다. 그러나 이성이 성숙했을 때 행복의 바람은 봄날에 씨앗을 뿌려 정성스레 물을 주며 가꾼 하나의 결실인 활짝 핀 한 송이 꽃과도 같은 것이다. 인간은 누구나 행복을 추구하지만 이성의 성숙에 따라 맹목적일 수도 있고 현실일 수도 있다. 이성이 성숙치 못한 행복은 모래 위에 누각과도 같다.

인생이란 남과 여 모두가 도도한 하나의 물줄기에 끌려가고 있다면 나도 그 중심에 있다. 이미 병세는 점점 악화되고 심장은 식어만 가고 있었다. "인생무상! 인생무상!" 아무리 뇌까려 보아도 누가 해결해 주지 않는 것이다. 병세는 점점 깊어지고 소변은 노랗다 못해 붉게 물들고 있었다. 의사들의 진단은 한결

같이 간이 어떻고 하지만 나는 내 자신을 안다. 간이 어떻고 하기 전에 서울에서 먹은 카레 밥의 콩알만 한 단백질 덩어리가 나의 주요한 부분을 막았으리라 생각을 한다. 그것이 시간이 지나면서 위와 장의 운동 역할을 막게 되었고, 그러다 보니 위로 들어와야 할 소화 효소와 체액이 들어오지 않아 자연히 소화가 되지 않는 것이다. 그러므로 밥은 모래를 씹는 것처럼 되어 버렸고, 신호등의 노란 불처럼 나의 안색은 물들어 가고 있었다.

객실에 간간이 드나드는 객승들의 먹빛 자락이 시야를 펄럭일 뿐, 부처도 중생도 보살은 더욱 보이지 않았다. 그러던 어느 날 보은에 있는 성모병원 수녀 두 분이 나의 소식을 듣고 찾아왔다. 언제부터인지는 잘 모르지만 법주사와 보은의 성모병원과는 상당한 유대가 있었다. 이것은 종교의 극한 이념을 넘어선 것이라 하겠다. 그러기에 스님이 아프다는 소식에 찾아왔다. 수녀님들은 주지 스님과 나에게 치료의 방법에 대해서 약만 사면 무료로 치료를 하고 또한 왕진을 하면서라도 스님을 돌보겠다는 말을 하였지만, 나의 병이 하루 이틀에 나을 병도 아니고 적어도 20일에서 한 달가량 치료를 해야 한다는 말을 들은 주지 스님은 그것을 달갑게 받아들이지 않았다. 그러나 나는 그때의 수녀님의 모습은 눈부신 날개를 달고 지상에 하강한 천사처럼 아름답고 순결하게 보였다. 이것은 종교의 벽을 넘어선 휴머니즘의 '나이팅게일'이나 적십자의 기치를 표방한 '앙리 뒤낭' 같았다. 그러나 주지 스님은 그렇게 하지는 않았지만 멀리 시골까지 부탁을 하여 약을 구해다 준 정성은 고마웠다. 허나 그러한 정성도 허사가 되었다. 나의 병은 그런 정성에도 별 차도가 없었다.

그럭저럭 하루가 가고 이틀이 가고 어느새 보름이 넘어섰다. 하루는 주지 스님이 나를 부르는 것이었다. "그간 여기에서 지내는 데 불편함도 컸을 줄 알지만, 여기는 대중이 거처하는 곳이라 스님이 계시기에는 마땅하지 않으니 처소를 옮겨야겠어요." 하는 것이 아닌가? 나는 그 소리를 듣는 순간 현기증과 함께 뇌성벽력이라도 맞은 것 같았다. 그러나 한편으로는 그것을 이해할 수 있었다. 스님들이 드나드는 객실에서 치료를 한다는 것은 무리라는 것은 알았지만, 막상 어떻게 해야 할지 몰라 머뭇거렸는데, 그래도 '떠나야지, 떠나야지.' 하는 생각을 하다가 떠나기로 결론을 내렸다.

그간 법주사 객실에서 16일 동안이나 머물렀지만 밥 한술 떠넣지 못하고, 바랑을 걸머멘 채 길을 나섰다. 일주문 밖 5리 길을 지나서 약국에 들어서니 마침 주지 스님의 부탁으로 2만 원 가량의 약을 지어 주었다. 약봉지를 챙겨 버스 정류장에 다다랐다. 그곳까지 어떻게 간 줄 모르게 갔고 버스에 몸을 실었다. 버스에 몸을 실었지만 어디까지 가서 어디에 내려야 할지 그저 암담했다. 그럴 때 차창 밖으로 누런 옥수수가 눈에 비쳐 오지 않는가? 약 20일간이나 밥 한술 제대로 떠 넣지 못한 몸이었는데 옥수수를 보니 구미가 감돈다. 50원을 주고 큼직한 찰옥수수 두 개를 샀다. 밥은 모래를 씹는 것 같았지만 옥수수 맛은 그렇게 좋을 수 없었다. 단숨에 두 개를 먹어 치웠다.

차는 특유의 굉음을 내면서 질주하기 시작했다. 나는 그때 보은에 침을 잘 놓는 스님이 있다는 기억을 하게 되었다. 차에서 내리니 다리가 후들후들 떨려 왔다. 몸은 비틀즈의 댄스 스텝이라도 밟듯 흐느적거렸고 사람들이 가르쳐 주는 대로 그 절을 향해 발걸음을 옮겼다. 해는 중천에 떠 빛살은 밝아 눈이 부셨지만 절은 보이지 않는다. 나는 쓰러지는 몸을 부축하며 '가야 한다.', '일어서야 한다.'는 일념으로 걷고 또 걸었다. 이때 나의 한 걸음 한 발짝은 무거운 사슬에 얽힌 노예보다 더한 발걸음이었으리라. 그러나 쓰러져 일어서지 못하고 좌절한다면 내 인생은 슬픈 인생으로 끝났을 것이다. 전쟁에 나아가 적의 흉탄에 맞아 시름하는 자가 비틀거리며 자기의 쉴 곳, 자기가 살 수 있는 길을 향하는 모습은 영화 속에 많이 보아 왔지만, 그와 유사한 나의 처지는 스크린의 주인공이 아니라 바로 현실의 주인공이었다. 오르막을 오르는 것이 그렇게 험하고 멀리 느껴질 수가 없었다. 그러다 절에 도착을 하니, "나는 이제 살았구나!" 하는 안도의 숨이 절로 나왔다. 그러나 그곳 주지 스님이 나를 보더니 난색을 표한다. 별로 반갑지 않다는 뜻이다. 허나 내쫓지는 못하고 약간은 당황하는 눈치다. 나는 우선 먹지 못하니 체증 내리는 침을 놓아 달라고 부탁을 했다. 왜냐하면 나의 병인(病因)은 지난날 서울에서 카레 밥을 먹은 연후부터 시작되었기 때문이다. 그때 기억으로는 엄지손가락 사이 움푹한 급소에 침을 꽂고, 팔의 동맥선 급소와 어깨 중심 급소, 발끝 엄지발가락 위에 꽂았다. 나의 예상이 적중하였는지 부처님의 가호가 있었는지는 몰라도 신통하리만큼 좋았다. 나의 병명은 황달이라고 통칭하는데, 또 그것도 간과 결부한 의사들의 말이었으며, 나는 나의 예상이 적중한 것 같았다. 간과 관계없이 황달은 음식의 체증 증상에서도 올 수 있다는 값진 교훈을 얻게 되었다. 단 한 번의 침으로 먹지 못하던 밥을 먹게 되었다. 나는 감사한 마음에 나래를 펴고 훨훨 나는 한 마리 나비와 같았다.

그로부터 이틀 후 대구 동화사(桐華寺)를 향해 또 발걸음을 옮기기 시작하였다. 당시 대구 동화사 약물은 나 같은 증세에는 특효라는 말을 들었으며 또 언제인가 동화사에 머물 때 그런 환자를 본 기억이 났기 때문이다. 동화사에 머문 지도 며칠이 되었다. 언제나 어김없이 큰 병을 가지고 약수터를 향했고, 약수터로 발걸음을 옮길 적마다 나의 병세는 호전되어 갔다. 그러자 마침 동화사 후원(後院)에 원주(院主) 자리가 비어 있어 원주로 좀 살아 달라는 부탁을 받게 되었다. 비록 이 순간이야 불편하지만 급격히 회복기에 들어섰고, 또 원주를 하다 보면 틈틈이 시장을 갈 수 있으니 약이라도 사 먹기가 쉽다는 생각에 허락을 하였다. 그렇게 동화사 객실에서의 생활이 보름이 흘렀다. 이제 곧 동화사 원주를 한다는 생각으로 마음을 먹고 있는데, 난데없이 교구 감찰이라는 스님이 와서 객승은 객실에서 3일 이상 머물 수 없으니 당장 가라는 것이다. 그때, "나는 이 절에서 소임을 맡기로 삼직(三職. 총무, 교무, 재무) 스님과 약속이 되어 있는데요."라고 말을 하고 싶었지만 그러지 않았다. 나의 건강이 좋지 않았고, 또한 이렇게 비정한 스님과는 대화를 나누고 싶지 않았기 때문이다. 조금만 더 있으면 나의 몸은 완전히 회복이 될 텐데 하는 아쉬움만 남긴 채, 또 다시 절집의 비정함을 안고서 발걸음을 옮겼다.

때는 가을이라 낙엽이 떨어지는 소리를 들으며 바람을 상기할 수 있었고, 바람이 이는 소리를 들으며, 낙엽이 뒹구는 것을 알 수 있었다. 걸음걸음마다 코스모스 향기가 코끝에 와 닿고 들에는 오곡이 무르익는 소리가 현악(絃樂)의 가냘픈 운율처럼 들려오고, 소슬한 바람이 스칠 때면, 들은 온통 황금물결이 되어 출렁인다. 하늘은 수정같이 맑고 깨끗하며 오가는 사람들의 모습에서 따뜻함을 느꼈다. 나는 동화사 일주문을 나서면서 크게 외치고 싶었다. "나는 대자유인이다!"라고. 비록 몸은 회복되지 않았지만 마음은 가을의 하늘처럼 풍성했다.

사문이란 고행을 낙으로 삼지 않던가? 나의 지금의 모습은 수행자의 표본일지도 모른다는 생각을 하면서, 또 나는 대사문(大沙門) 석가모니가 걸었던 그 길을 가고 있다는 생각으로 저 머나먼 다음의 구도지 강원도를 향해 발걸음을 옮겨가고 있었다.

도솔암의 풍경

 청도에 가면 읍의 남쪽 화악산(華岳山) 기슭에 도솔암(兜率庵)이 있다. 이곳은 동화사의 말사 적천사(磧川寺)의 산내 암자로서, 청도읍에서 보면 남쪽에 있으니 남산이라 부르기도 한다. 이곳은 내가 머문 여러 사찰, 암자 중에서도 으뜸가는 도량(道場)이며 특히 고즈넉한 암자로서는 우리나라에서 손에 꼽아도 뒤지지 않는다 하겠다.

 암자로서 규격은 크진 않지만, 우리나라 어느 암자에서도 쉽게 볼 수 없는 그런 지형학적으로 아름다운 경관을 가지고 있다. 다만 산세가 험준하고 지형이 높다 보니 쉽게 찾는 절은 아니다.
 내가 이곳에 머물 때는 가까스로 택시가 어느 정도 힘이 되어 주었다. 다행한 것은 산길이 조금 닦여져 있어 오르내리는 데 큰 도움이 됐었다. 그렇지만 내가 이곳에 머물기 몇 해 전만 하여도 이곳에 한 번 오려면 참 힘이 드는 곳이라 들었다.

도솔암이 이름만큼 아름다운 것은 전생에 석가모니가 사바(娑婆)에 오기 전에 머물렀던 곳이기도 하지만, 이곳에서 바라보는 풍경은 연한 핑크빛 햇살에 층층이 펼쳐지는 산 주름 사이사이로 연백색의 운무가 정말 일품이 아닐 수 없다.

이런 곳에 어찌 큰 고승들의 발자취가 없었겠는가? 내가 이곳 암자 감원(監院)으로 오기 전에 동화사의 주지를 하신 혜종 스님이 본사 주지를 떠나 이곳에 머물렀고, 그 앞은 당대 걸승이라 할 수 있는 불국사와 법주사 문중의 거장이자 조실(祖室) 스님인 월산(月山) 스님께서 보임(保任)하신 곳으로도 유명하다. 그리고 조계종 통합 종단 초대 종정이신 효봉(曉峰) 스님이 역시 수행의 일환으로 머물렀던 보임 처소이자, 기도 처소라 할 수 있다.

대개 고승들은 풍수에 능하다. 그곳이 양지인지 음지인지, 수행이 되는 곳인지 방해되는 곳인지, 다 안다고 할 수 있다. 내가 이곳에 왔을 때는 전기도 없었고, 겨우 비상 전화를 놓고 생활할 수 있었다.

앞선 선각들이 즐비하게 이곳을 거쳐 갔는데, 나 역시 아무렇게나 지낼 수가 없었다. 늘 기도하기를 게을리 하지 않았다. 그렇게 기도하며 지내는 순간에도 잠시 쉴 짬이 나면 책을 읽거나 좌선(坐禪)과 서예를 했다.

이곳은 고즈넉한 산자락에 불편한 교통 환경으로 절 경영이 넉넉하지 못한 관계로 학생들을 치게 되었다. 학생들을 치는 것은 단순한 재정적인 도움뿐만 아니라, 절을 운영함에 있어서 큰 역할을 하게 되었다. 그것은 지대가 높은 곳이라 신도들이 공양미 등을 머리에 이고 오를 때, 그들은 포터 역할을 충실히 해줄 수 있어 좋았다.

당시에는 절간에 방 한 칸 빌려 주면 통상적으로 20만 원 정도를 받는데, 나는 10만 원을 받았다. 그 이유는 바로 필수적인 포터 역할 때문이었다.

그곳에서의 하루는 새벽 네 시에 기상을 하면 밤 열 시가 되어서 잠자리에 들 수 있는데, 어느 날 문득 전기가 들어왔다. 전기가 들어오니 절 식구들은 다 좋아했다. TV를 볼 수 있기 때문이다. 속세에서는 TV 보는 것이 별것 아닐 수 있지만 고즈넉한 산사에는 스님들도 제각기 공부하기 바쁘고, 학생들은 학생들대로 제각기 주어진 공부에 전념한다. 그러다 보니 자연히 대화할 일도 깔깔대며 웃을 일도 많지 않다.

이런 환경에 전기가 들어오고 TV도 보게 되니, 자연히 공양

(供養) 끝에 잠시나마 함께 TV에 모여 앉아 이런저런 이야기꽃을 피울 수 있으니 어찌 좋다 하지 않을 수 있겠나?

그렇게 함께 공부하면서 지내는 식구 중에는 대입 예비고사(지금의 수능) 준비하던 칠석이와 고시 준비하던 만덕 청년이 있었는데, 하라는 공부는 하지 않고 늘 TV만 보려고 했다. 그들이 그곳에 머무는 뜻은 그들의 목표를 향한 공부가 더 잘되리라 하는 마음에서일 것이다.

그런 그들이 세속의 벽을 넘어 마음을 잡기란 쉽지 않다는 것을 나는 이해할 순 있었지만, 이왕 세속과 동떨어진 높은 산 암자에까지 왔으면, 열심히 공부를 해서 목적한 바를 성취해 주길 바라는 마음이었다.

그러므로 나는 그들의 생활에 때때로 통제를 했다. 문제는 TV에 있다. TV를 보되 일요일, 그것도 스포츠 프로만 볼 수 있도록 허락하였다. 나 자신도 예외는 될 수 없었다. 새벽 네 시에 기상을 해서 밤 열 시까지 시간을 헛되이 보내지 않으려고 무척 애를 쓰고 살았다. 잠시 쉴 때면 화악산에 올라 등산의 즐거움을 갖고, 때론 사람의 발길이 닿지 않는 심산계곡을 찾기도 하고, 밥과 고추장을 가지고 멧두릅을 따서 먹기도 하였다.

그러던 어느 날, 세종문화회관에서 전국 규모의 〈90' 예술 대제전〉이 열렸다. 나는 당시 초서(草書)를 즐겨 쓰고 있었다. 그렇게 즐겨 쓰던 초서 한 점을 부쳤더니 '입선'이 되어 예술의 전당에서 전시회를 한다고 오라는 통보를 받아 잠시 기쁨에 젖기도 했다. 이럴 때 나는 가끔 한 달에 한두 번 정도는 외출을 했다. 한 번 나가면 가진 돈을 다 쓰고서야 돌아왔다. 다만 쓰기는 쓰되, 몇 권의 책과 서예 도구 등은 꼭 사 들고 들어왔다.

  그렇게 출입하고 공부할 수 있었던 것은, 선우라는 스님의 힘이 컸다 선우 스님은 늦게 출가를 했다. 때문에 체계적 공부는 하기가 힘들었다. 나는 그것을 알고 늦게 심신을 보듬고자 출가한 사람이 무슨 재미가 있어 하루하루 절에서 머물 수 있을까를 생각하던 차, 절 살림을 다 맡기기로 결심을 하고는, 그때부터 나는 단돈 100원을 신도로부터 직접 받은 일이 없었다. 가끔 돈이 필요하거나 외출을 할 때면 선우 스님에게 사찰 재정이 어떻게 되느냐 묻는다. 선우 스님은 대개 이런 식이다. "지금 학생 숙비와 인등비 등 해서 50만 원 정도 있습니다."라고 말을 한다. 그럴 때, 나는 반반 나누자는 식으로 말을 건넨다. 그때 선우 스님은, "그럼 스님이 좀 더 쓰이소!" 하고는 30만 원을 건네준다. 그 30만 원을 가지고 산문을 나서고 돈을 다 쓰고 나면 몇 권의 책이며 서예 도구 등을 사서 돌아온다.

한 번 외출을 하고 돌아올 때면, 가파른 화악산 등성이를 올라 땀에 흠뻑 젖어서야 절 도량에 들어설 수 있었다. 이렇게 말을 하면 내가 돈을 다 쓴 것 아니냐 하겠지만 내가 이곳 도솔암에서 나올 때엔 700만 원 정도의 사찰 재정을 만들어 놓을 수 있어서, 지금 생각을 해도 마음에 짐(負)이 되지 않아 좋다.

내가 그렇게 좋은 도량을 떠난 것은, 마침 서울에 있는 적조암(寂照庵. 현 적조사)에서 연락이 왔다. 주지를 좀 맡아 달라는 부탁을 받고는 그해 가을 B방송에서 진행자로 유명한 J모 스님이 하계휴가에 와서 화악산의 아름다움을 함께 느껴 보기로 약속하였지만 그 약속을 뒤로 한 채 서울로 향했다.

미안해, 탈탈!

 경남 울주군 척화리에 은을암(隱乙庵)이라는 그윽한 암자가 있다. 산이 깊은 듯하면서도 깊지 않고, 낮은 듯하면서도 낮지 않아 적당히 산을 오르면 인가가 멀리 떨어져 있는 것이 산세 좋고 물이 좋아 기도하기 좋으니 이만한 곳도 그리 흔치 않는 기도처다.
 은을암에서 기도를 하게 된 까닭은 그곳 주지 스님과 도반이라는 이유도 있지만 무엇보다 기도할 수 있는 환경이 좋기 때문이다. 아무튼 십 수 년 전 그곳에서 잠시 머물며 기도를 할 때였다.
 출가자는 누구 할 것 없이 선방에서 정진을 하거나 강원(講院) 등에서 경학을 하지 않는다면 기도라도 열심히 하고 지내는 것이 당연한 것이다. 다만 기도를 한다 해서 무조건적인 기도는 없다. 어떤 원력을 가지고 있느냐 하는 데서 기도를 선택하는 것이다. 가령 업장을 소멸하고자 하면 지장 기도를 할 것이고, 지혜를 얻고자 하면 문수보살(文殊菩薩) 기도를 하면 된다.

이때 내가 선택한 기도는 지장 기도(地藏祈禱)다. 지장 기도는 출가 사문에게 있어서 많이 선호되는 기도 중의 하나다. 그것은 지장보살의 대원(大願)이 있기 때문이다. 지장보살은 '지옥 중생을 다 건진 후에 성불하리라.'는 대원력을 세운 보살이다. 나는 지장보살을 생각하며 기도를 하기로 마음을 먹었다. 우선 지옥 중생 다 건지고 성불하겠다는 원력은 잠시 접어 두고, 내 자신의 업장(業障)을 맑히고 싶었다.

그러면 기도의 대상과 목적은 정해졌지만 방식을 어떻게 해야 하는가를 잠시 고민하다가 삼칠일(21일) 기도로 정하고 시간은 새벽에 두 시간, 사시(巳時. 9~11시)에 두 시간, 오후 세 시부터 두 시간, 저녁 예불에 두 시간씩 하기로 하였다. 말이 기도지 하루 네 번에 두 시간씩의 기도는 쉬운 기도가 아니다. 두 시간을 꼬박 서서 해야 하기에 몸과 정신을 가지런히 하지 않으면 할 수 없다.

그렇게 하는 기도가 새벽 세 시에 일어나서 기도에 들면 잠시 쉬는 시간이 있지만 저녁 기도가 밤 여덟 시나 되어야 끝난다. 내가 이 기도를 시작할 때가 음력 5월 18일쯤으로 기억된다. 한더위에 삼칠일 기도를 세 번을 하고 나니 여름 석 달이 훌쩍 지나갔다.

어차피 절간에 머무는 수행인이라 늘 기도하는 정신으로 살아가지만, 도업(道業)을 성취하기 위해서는 자신을 위한 기도를 많이 해야 한다. 나 역시 자신의 업을 소멸하고자 기도를 했다.

기도란 연결성이 있어야 하는데, 기도할 때만 기도가 되고 기도하지 않을 때는 기도가 아니라면 진정 제대로 기도하는 사람이라 할 수 없을 것이다. 그러나 기도를 한다 해서 하루 온종일 법당에서 목탁을 치거나 머리를 조아릴 수는 없는 것이다.

나는 사시 헌공(巳時獻供)이 끝나고 점심 공양을 한 후에는 늘 등산을 했다. 그러던 어느 날 산을 넘어 마을을 한 바퀴 돌아서 오는 길에 어린 고양이 한 마리를 발견했다. 새끼 고양이는 돌봐 주지 않으면 곧 죽을 것 같아 보였다. 나는 얼른 새끼 고양이를 가슴에 보듬고 절로 돌아와서, 먼저 우유를 먹인 후 목욕을 시켰다. 그렇게 간호하고 보살펴 주었더니, 시름시름하던 새끼 고양이가 건강하게 잘 자랐다.

고양이 이름을 어떻게 지을까 생각하다가 해탈(解脫)이라 지었다. 어서 해탈하라는 마음의 축원이 들어 있는 이름이라 할 수 있다. 그렇게 고양이는 무럭무럭 잘 자랐고, 절에서 스님이 자기를 돌봐 주는 것에 대한 기쁨을 아는 듯했다. 내가 법당에서 기도를 하면 자리를 뜨지 않았다. 문제는 방에 들어오려고 '야옹야옹' 해서 한 번 방으로 들이면 대체 나가려 하지 않아 애를 먹을 때가 많았다. 그렇지만 내가 볼 때 해탈이가 너무도 귀여웠다. 멀리서 내 그림자만 봐도 '야옹!' 하며 달려왔고 때론 이놈을 실험한답시고 산 중턱에서 불러도 반드시 '야옹!' 하며 강아지가 달려오듯 그렇게 왔다.

그렇게 해탈을 가까이 하며 기도 생활을 한 지도 제법 시간이 흘렀다. 한여름이 훌쩍 지난 것이다. 나는 다시 해탈이에게 호를 하나 내리기로 했다. 해탈이가 금생에는 비록 축생의 과보를 받아 고양이의 몸으로 나왔지만, 차생에는 반드시 좋은 몸과 좋은 국토에 태어나길 바라는 마음에서 '해탈하고 또 해탈하라'는 뜻으로 '탈탈'이라 이름을 지었다. 그리고 다시 산등성이에 올라 '탈탈!' 하고 불렀다. 탈탈이는 어김없이 '야옹!' 하면서 쫓아온다. 산 중턱에 있건 골짜기에 있건 내가 부르는 소리만 들리면 곧장 달려왔다. 그러니 어찌 고양이라고 싫어하거나 멀리할 수 있을까. 아무리 험악하게 생기고 사나운 짐승도 사람을 무서워한다. 이런 짐승들조차 사람이 진정으로 보살피고 사랑을 내려주면 사람을 따르고 순종한다. 고양이도 역할이 있고 강아지도 역할이 있다. 그러니 함부로 구박해서는 안 된다.

나는 스스로, "이렇게 '야옹!' 하며 달려와서 재롱부리는 탈탈이를 데리고 저 먼 설악산으로 함께 등반을 하리라." 생각했는데 함께 등반을 하지 못해서 정말, "미안하다, 탈탈!" 다음 생에는 꼭 사람의 몸으로 태어나 다시 만났으면 좋겠다.

달마와 나

 내가 달마Dharma를 좋아하고 그림을 그리는 데는 그만한 이유가 있다. 나는 평소 달마를 흠모하다 달마의 저술인 『혈맥론(血脈論)』을 보게 되었다. 혈맥론의 견성(見性) 사상에 정신을 집중하다 어느 순간 달마의 형상이 마치 물위에 뜬 달처럼 환하게 드러나는 것이었다. 그것이 달마를 그리게 된 동기가 되었다.
 내가 달마를 그릴 때면, 달마 그림이 되기도 하지만, 때론 나의 자화상이 되기도 한다. 그럴 때면 달마 속에 내가 있고, 내속에 달마가 존재하니, 어쩌면 내가 달마고 달마가 나인지도 모른다. 결코 둘이 아닌 하나의 경지로 몰입하게 되는 것이다.
 그렇게 달마를 그리다 보니 달마는 항상 나의 그림자가 되어, 내가 가는 곳 내가 머무는 곳 어디에서도 함께 할 수 있었다. 나의 달마도를 보면 알 수 있지만, 상상으로 달마를 그리는 것이 아니다. 마치 달이 스스로 물에 어리듯 하나의 영감이 일어나, 그것을 그리면 바로 달마도가 된다.

달마의 생애는 크게 네 단계로 나눌 수 있다. 첫 번째는 그가 남인도 사람으로 남중국을 거쳐 양나라 무제(武帝) 임금을 만나는 시점이고, 두 번째는 소림굴에 들어가 9년 면벽 관심(面壁觀心)을 한 사실이며, 세 번째는 혜가(慧可)에게 법을 전수한 시점이요, 그 나머지는 그의 고향 인도로 돌아가는(歸西) 것이다. 다만 그는 살아서 돌아가지는 못했지만, 이미 다 죽은 줄 알고 있었을 때 죽지 않고, 산 모습(還生)으로 돌아갔다는 것이다.

달마가 양무제를 만나다

달마대사는 남천축국 향지왕의 셋째 태자로 태어났다. 반야다라의 법을 받았으며 스승의 가르침에 따라 바다를 건너 동쪽으로 남중국 광주에 이르러, 다시 양나라에 도착하니 그곳에서 양의 무제 임금을 만났다. 양무제가 물었다.

"짐이 즉위한 이래 불상, 역경, 조탑 등의 불사를 많이 하였으니, 그 공덕이 얼마나 됩니까?"

달마가 대답했다.

"공덕이 없습니다(無功德)."

양무제가 다시 물었다.

"어떤 것이 석존의 수승한 진리입니까?"

달마가 대답했다.

"확연히 거룩한 진리는 없습니다."

양무제가 다시 물었다.

"짐을 대하는 이가 누구입니까?"

달마가 짧게 대답했다.

"모릅니다(不識)."

무제가 이 말을 알아듣지 못함을 알고, 곧 자리에서 일어나 양자강을 건너 위(魏)로 떠났다. 그 후 무제 임금에게 지공(誌公) 스님이 말하길, "그분은 관음 대사라, 부처님의 심인(心印)을 전하는 분입니다." 하니 무제가 비로소 후회를 하며 그를 다시 불러들일 것을 말했지만 지공 스님이 만류했다.

면벽 관심(面壁觀心)

달마가 소림사에서 9년을 벽을 향해 앉아서 말이 없으니, 사람들은 그를 가리켜 벽관(壁觀) 바라문이라 했다. 어느 날 신광(神光)이라는 학승이 있었는데, 재지(才智)가 더할 수 없는 사람이다. 당시 널리 소문이 나 있는 달마 대사를 친견하기 위해 소림굴로 갔다. 그는 달마 대사에게 정중히 예를 올리고 법을 물었지만 달마는 아무런 대꾸도 미동도 하지 않았다. 이에 신광은 그 자리에서 선 채로 묵묵히 합장하고는 오직 달마의 가르침을 기다릴 뿐이다. 때마침 눈이 많이 왔다. 서 있는 신광의 허리까지 눈이 차오르자 날이 샜다. 이때 달마가 머리를 돌려 신광을 향해 무거운 입을 열었다.

"너는 무엇 때문에 그 자리에 서 있느냐?"

신광이 말했다.

"법을 얻고자 합니다."

다시 달마가 말했다.

"과거에 부처님께서 설산동자로 계실 때 법을 얻고자 나찰에게 투신도 하고 몸이 찢어지는 아픔도 견뎌 냈는데, 너는 하룻밤을 눈밭에서 서 있다고 그리 힘들어하는가?"

신광이 차고 있던 계도(戒刀)로 자기의 왼팔을 절단하여 신(信)을 표하였다.

신광에게 법을 내리다

신광이 말했다.

"부처님의 법인(法印)을 들려주십시오."

달마가 말했다.

"부처님의 법인은 남에게 들려줄 수 있는 것이 아니니라."

신광이 다시 물었다.

"저의 마음이 편치 않으니 스님께서 편안케 해주십시오."

달마가 말한다.

"너의 마음을 가져오라, 내가 편안케 해주리라."

신광이 말했다.

"마음을 찾지 못했습니다."

달마가 말했다.

"내가 마음을 이미 편케 해주었느니라."

이 말에 신광이 크게 깨달았다. 신광이 깨달음의 희열에 잠시 도취되어 있을 때 달마가 게송을 읊었다.

"밖으로 모든 연을 쉬고, 안으로 헐떡됨이 없이, 마음이 장벽과 같을 때, 가히 도에 들 수 있느니라(外息諸緣 內心無喘 心如墻壁 可以入道)."

신광이 말했다.

"저는 모든 인연을 쉬었습니다."

달마가 말했다.

"그렇다면 단멸(斷滅)에 떨어지지 않았느냐?"

"그렇지 않습니다"

"어찌 그런 줄 아느냐?"

"바로 알아서 무엇으로도 미치지 못합니다."

달마가 말했다.

"이것이 모든 부처의 증득한 마음의 너의 체요, 너의 불성이니 다시 의심하지 말라." 하고는 신광에게 혜가(慧可)라는 호를 내렸다.

달마 환생(還生)

그로부터 승속이 배나 더 믿고 귀의했는데, 9년이 지나면서 서쪽의 천축(天竺)으로 돌아갈 생각을 하고 문인들에게 말했다.

"때가 되었다. 너희들은 얻은 바를 말하라."

이때 문인 도부가 말했다.

"제가 보기에는 문자에 집착하지 않고, 문자를 여의지도 않음으로써 도를 삼는 것입니다."

달마가 말했다.

"너는 나의 가죽을 얻었다."

총지 비구니가 말했다.

"제가 알기에는 아촉불국을 보았을 때, 한 번 보고는 다시 보지 않은 것 같습니다."

달마가 말했다.

"너는 나의 살을 얻었다."

도육이 말했다.

"사대(四大. 地水火風)가 본래 공하고, 오온이 있지 않으니 제가 보기에는 한 법도 얻을 것이 없습니다."

달마가 말했다.

"너는 나의 뼈를 얻었다."

마지막에 혜가가 절을 하고 자리에 서자, 달마가 말했다.

"너는 나의 골수를 얻었다."

그리고는 다시 혜가를 향해 말했다.

"옛날에 여래께서 정법안장(正法眼藏)을 가섭에게 전했는데, 차츰 전해져서 나에게까지 이르렀다. 내가 이제 그대에게 전하노니 그대는 잘 지켜라. 그리고 가사를 겸해 주어 법의 신표를 삼으니 제각기 표시하는 바가 있음을 알라."

혜가가 말했다.

"자세히 설명해 주십시오."

달마가 말했다.

"안으로 법을 전해서 마음을 깨쳤음을 증명하고, 겉으로 가사를 전해서 종지를 확정하니 후세 사람들이 얄팍하게 갖가지 의심을 가지고 '나는 인도 사람이요, 그대는 이곳 사람인데 무엇으로 법을 증득했음을 증명하리오.' 할 것이니, 그대가 지금 이 옷을 받아 두었다가 뒤에 환란이 생기거든 이 옷과 내 게송(偈頌)만을 내놓아서 증명을 삼으면 교화하는 일에 지장이 없으리라. 내가 열반에 든 지 200년 뒤에 옷은 그치고 전하지 않더라도 법이 항하사(恒河沙) 세계에 두루 하여 도를 밝힌 이가 많고, 도를 행한 이가 적으며, 진리를 말하는 이가 많고, 진리를 통하는 이가 적어서 가만히 진리에 부합하고 비밀리에 증득하는 이가 천만이 넘으리니, 그때는 잘 드날려 깨닫지 못하는 이를 가벼이 여기지 말라. 한 생각 돌이키면 본래 깨달은 것과 같으리라. 나의 게송을 들으라. '내가 이 땅에 온 뜻은, 법을 전하고 중생을 제도하려는 것인데, 한 송이 꽃에 다섯 꽃잎이라, 열매는 자연히 이루어지리라(吾本來玆土 傳法導衆生 一花開五葉 結果自然成)."

게송을 마치고 잠시 후 다시 말했다.
"나에게 능가경(愣伽經) 네 권이 있는데, 그것마저 그대에게 전한다."
그러고 나서 달마는 서역 천축을 향해 발걸음을 옮겼다. 그가 서축을 향해 가는 중 수많은 사람과 고을 태수 등이 그에게 가르침을 구하니 그들을 뿌리치지 않고 일일이 다 가르침을 내렸다.

그렇게 달마대사는 고국을 향해 발걸음을 옮겼지만 그는 결국 인도에 도달하지 못하고 세상과 이별한다. 그것은 마치 석가가 임종을 앞두고 자기의 고향이자 고국인 사위성으로 가는 도중 사라쌍수에서 그의 시자 아란이 지켜보는 가운데 조용히 열반nirvana에 드는 모습과도 같은 것이다. 그때가 효명제 태화 19년 병진 10월 5일이다. 그해 12월 28일 웅이산에서 장사지내고 정림사에 탑을 세웠다.

그 뒤 위나라의 송운(宋雲)이라는 이가 서역에 사신으로 갔다가 오는 길에 총령(파미르 고원)에서 달마대사를 만났는데, 손에 짚신 한 짝을 들고 홀연히 혼자 가고 있었다고 한다. 송운이 놀라 대사에게 묻되, "스님, 어디로 가십니까?" 하니, "나는 서역으로 돌아가오. 그대의 군주가 이미 세상을 떠났소." 하더라는 것이다. 송운이 이 말을 듣고 아찔하여 대사와 작별한 후 동쪽으로 전진하여 복명하려 하니 과연 명제(明帝)는 이미 승하하고 효장제(孝莊帝)가 즉위하였다. 송운이 이 사실을 보고하자 황제가 광(壙)을 열어 보게 하니 과연 빈 관 속에 짚신 한 짝만이 남아 있었다. 온 조정이 깜짝 놀랐다. 황제의 명에 따라 남은 짚신을 가져다가 소림사에 공양하였다. 당의 개원 15년 정묘에 도를 믿는 이를 위하여 오대산 화엄사에 모셨다고 하는데 지금은 어디 있는지 알 수는 없다.

그는 이렇듯 실제 존재한 인물이다. 그가 중국에 발을 들여놓을 때 나이가 115세나 되었다는 설이 전해진다. 또한 그는 본래 귀인상이었으나, 구렁이의 업보를 받은 사람의 모습과 자신의 모습을 바꾸었다 한다. 그래서 달마의 모습은 험하기도 하고, 귀한 모습이기도 하다.

달마를 찬(讚)

서천의 이방인이여!
어찌하여 동진을 하였는가.
무엇을 얻기 위해 누구를 위해

그대는 그 길을 갈 수 있었나.

바다를 건너고 강물 위에 선 그대
영원한 생명의 화신이여.
무엇을 좇고 무엇을 찾는가.
가고 가고 또 가고, 돌고 돌아선
그 길은 시작도 끝도 없어라.

그대 달마여!
그대, 천년의 수기를 받아
만년(晚年)에 만년을 향하고 있어라.
영겁의 한을 홀로 짐 진 채
가고 가는 고행의 길은
그대 삶이자 생명의 시작이어라.

그대가 던진 그 꽃향기
만겁(萬劫)의 업생(業生)들이 놀라
양자강은 말랐고, 북망산(北邙山)마저 무너뜨려
그대 성스러운 달마, 9년 면벽 소림이어라.

걸레 중광 스님과의 만남

　수원 포교당에서 한참 포교를 할 때의 일이다. 수원 포교당은 제2교구 본사 용주사의 수원 포교당이다. 사찰은 도량이 잘 정비되어 있으며 거의 정방형의 도량으로 전국의 지방 포교 사찰로서는 당시에 몇 손가락 안에 드는 유명한 사찰 중의 하나다. 이날도 법회를 마치고 점심 공양을 한 후 오후 두 시가량이 지났을까. 허술해 보이는 차림에 군인도 아니고 군복을 검게 물들인 것 같은 옷을 걸친 사람이 난데없이 보였다.

　그가 바로 당시 그 유명한 걸레 중광이다. 걸레 중광(重光) 스님을 가까이서 보니 그는 용모가 수려한 사람도 아니고, 특별히 개성적인 것 같지는 않아 보였다. 그는 불가에서는 나보다 한참이나 선배니 만큼 냉큼 엎드려 큰 절을 했다. 내가 아는 중광 스님은 기인 중에서도 기인이었다. 내가 안다고는 했지만,

그의 일상과 행동 거처를 다 알 수도 이해할 수도 없었다. 다만, 세상에 알려지는 언론을 통해서 기인인 줄 알았고, 또한 그의 책이 많은 호기심을 줄 수 있어 나는 그 책을 재미있게 읽었을 때다.

당시로는 스님으로서의 위치에서는 상상을 초월한 그의 행적이자 삶이다. 중광 스님은 고향이 제주도로 일찍이 통도사로 출가해서 해인사 선원 등에서 수행한 이력이 대단하다는 정도로 알고 있던 차에 그의 책 『걸레 중광』을 통하여 더욱 놀랄 뿐이었다. 달마 그림 중 정수리에 남자의 성기를 그려 놓았는가 하면 닭이 서로 싸우는 형태에서 성기의 모습을 크게 드러내 놓은 모습. 미국 버클리대학교에서 걸레 중광의 달마 선화 시연(큰 붓을 자신의 성기에 매달아 엎드려 기면서 그림을 그림)을 보인 후 한 여대생이 그에게 키스신을 요구했을 때 망설이지 않고 키스를 했다. 거기까지는 괜찮았다. 문제는 많은 교수, 학생들이 보는 자리에서 그 여학생을 얼른 낚아채듯이 눕혀 놓고 젖가슴을 만졌다. 그때 여학생이 벌떡 일어나 뺨을 갈긴 일, 버클리 대학 동양학 과장이던 랭커스터 교수를 처음에 만나게 된 동기 등이 상세하게 담긴 내용들이었다.

그에 대해 알게 된 것도 책을 통해서였고, 그 내용을 그에게 나는 이야기할 수 있었다. 중광 스님은 내가 자기에 대하여 많은 것을 알고 또한 관심을 가지고 있다는 사실이 대해 크게 기뻐하는 눈치였다. 그때 나는 서예를 계속해 왔었고 선화(禪畵)에도 조금씩 관심을 가지고 있던 터라 많은 이야기를 나눌 수 있었다. 그는 내가 쓴 반야심경(般若心經)을 보더니 대뜸, "스님도 이만하면 인사동에 가도 5만 원은 족히 받겠구먼." 하였다. 다시 말하길, "나는 제자를 두지 않지만, 스님은 제자로 삼고 싶네." 하면서, "혹시 서울에 올라오게 되면 내가 있는 모 암자로 나를 찾아오게." 하는 말을 나에게 남겼다.

그는 그의 책 『걸레 중광』의 내용에도 나와 있듯, 하루 5갑 내지 20갑의 줄담배와 소주를 놓지 않았다. 그는 나를 제자로 여기는 마음을 가져서인지는 몰라도 그날 나에게 소주 한 병을 부탁하여 사다 드린 일이 있다. 그때, "담배는 끊었다."라는 말을 들었다. 나는 소주 한 병을 선배에 대한 예로 좀 쑥스러움을 무릅쓰고 사다 드렸다. 그것에 대한 감사인지는 모르지만 그는 즉석에서 문수동자 그림 두 장을 매직으로 그려 주었다. 나는 이 그림을 기쁘게 받고 그와 헤어지게 되었다. 나는 지금도 그를 흠모함이 없지 않다. 이 글을 쓸 때 그는 이 세상 사람이 아니라 그는 한 수행자로 한 인간으로 너무도 파격적인 삶을 살았다고 보인다. 그러나 지금의 내가 선화를 하고 예술의 감각으로 일상에 주안할 때 그의 예술은 인생이고 수행이며, 구도 행각의 하나라고 여겨지기에 또한 범인이 흉내 낼 수 없는 초월적 삶 속에서 선화가 무엇인가를 세상에 알리는 큰 역할을 하였기에, 선화를 그리는 나로서는 그의 그림자가 그리울 뿐이다.

통도사와 모기

 통도사(通度寺) 하면 신라 시대 자장율사가 창건한 사찰로서, 한국의 사찰 중에 가장 많은 토지를 소유한 사찰이다. 우리나라 삼보(三宝) 사찰의 하나며 불지종가(佛之宗家)다. 불지종가는 부처님이 계시는 본가라는 뜻이다. 통도사는 부처님의 진신 사리(眞身舍利)가 모셔져 있기 때문이다. 또한 그로 인하여 법당엔 불상이 없는 것이 특징이다.
 법당 안은 장엄하기가 그보다 더할 수 없고, 내부 공간 양쪽에 떠받드는 기둥이 시간과 공간을 뜻하는 매우 재미있는 배치가 되어 있다. 본래 연못이 있던 자리를 메워 사격(寺格)을 갖추었고 건물 동 수가 60여 동이 넘을 정도로 웅장하고 장엄하다고 할 수 있다. 그로 인하여 자연히 많은 설화가 내려오는데, 한 가지만 든다면, "하루에 떨어지는 문빗장 쇳가루가 한 주먹씩이

나 된다." 등 말로 다 표현하기가 어려울 정도다.

통도사는 사찰은 대찰이며 어느 한두 군데가 중요한 것이 아니라 통도사라는 모습 전체가 다 국보급이다. 지금도 통도사에 가끔 들르기라도 하면, '사찰이 없었다면 이만한 아름다움이 이곳에 있을 수 있을까?' 하는 생각을 할 때가 많다.

내가 통도사에 방부(房付. 당해 사찰에서 수행을 하기 위한 하나의 격식)를 들인 것은 1973년도다. 통도사 하면 무엇보다 먼저 떠오르는 것이 있다. 그 흡혈귀와도 같은 모기다. 통도사 같은 대가람(大伽藍)에서 연상되는 것이 모기라고 말한다면 사람들이 다 웃겠지만 사실이다. 그것은 당시 여름날 학인으로서 공부를 할 때다. 그놈의 모기가 얼마나 사람의 정신을 흔들어 놓았던지 지금 생각해도 아찔할 뿐이다.

절에서는 항상 이른 새벽에 일어난다. 새벽 예불 때문이다. 불가에서는 예불은 게으름을 쫓기 위해 한다고 한다. 단 하루도 새벽 예불을 빠질 수 없다. 그것은 여러 대중이 거처하는 곳이기 때문이기도 하고, 수행하는 스님들이 모여서 생활하기 때문에 엄격한 규율을 지켜야 하기 때문이다. 그 규율 중 하나가 새벽 예불이다. 특히 통도사는 모기가 많고 독하기 때문에 반드시 방장(모기장)을 쳐야 한다. 스님들은 하루 일과가 새벽 세 시부터 밤 아홉 시까지다. 밤 아홉 시부터 30분 동안 씻고 잠잘 준비를 하여 아홉 시 30분이면 반드시 잠을 자야 한다. 그러지 못하면 그것 또한 규율을 어긴 것이 되고 곧 처벌을 받는다.

큰절에는 반드시 대중방 또는 큰 방이라는 방이 있다. 방의 크기가 상상키 어려울 정도로 크다. 100명 정도가 앉아서 밥을 먹을 정도니 어느 정도인가 짐작하리라 생각한다. 그 큰 방이 바로 공양(식사)하고 회의하고 공부하는 다목적 공간인 셈이다 문제는 밤이 되었을 때 큰 방에 큰 방장을 치고 공부를 하다 그 속에서 잠을 잔다.

가끔은 무심결에 방장을 들추고 출입하다 모기가 침입을 하기라도 하면, 큰 소동이 나고 그럴 때 살생을 금한다고 모기를 잡긴 하되 죽이지는 말아야 한다. 이것이 쉽지 않다. 나르는 모기를 잡으려면 손바닥으로 탁 쳐야 하는데 탁 치되 죽지 않을 만큼 쳐서 잡아 밖으로 내보낸다는 것이 쉬운 일이 아니다. 가령 어떤 학인 스님이 출입하다 모기가 들어왔다. 그렇게 되면 그 또한 규율을 어긴 것이 되어, 상판 스님 내지 소임자로부터 주의를 받는다.

하루는 새벽에 일어나 법당 예불을 할 때다. 이놈의 모기가 얼마나 독한지 발등을 연발탄 쏘듯 쏘는 것은 다반사고, 두꺼운 장삼 자락까지 뚫고 들어와 속살을 쏠 때면 깜짝 놀라는 일이 벌어지기도 한다.

그러니 이 흡혈귀와 같은 모기가 그날따라 몹시도 정신을 흔들어 놓았다. 나는 더 이상 참을 수가 없을 정도가 되었다. 모기를 피한다고 피해지지도 않고 해서 큰 방 건너편의 계곡으로 갔다. 그 계곡은 깊은 곳은 사람 키보다 더 깊다. 나는 이날 장삼을 벗어 던지고, 물속으로 텀벙 뛰어들었다. 산 계곡물이라 여간 차지 않았다. 그렇지만 그렇게 하고 나면 상당한 시간 동안은 모기의 근접을 막을 수 있기 때문이다. 모기라는 놈이 본시 습한 곳에서 나온 태생적 한계 때문에, 사람의 몸에 더운 습기가 있으면 더욱 공격을 해 온다. 그 습기란 바로 칙칙한 땀 그런 것 말이다.

아무튼 통도사는 대찰이요, 산과 계곡 무엇 하나 부족함이 없는 명찰이고 보니 내가 그곳에서 학인으로 있으며 불교 공부하던 생각, 또 안내 소임을 맡아서 국내외 사람들에게 안내하던 생각이 난다. 하루는 영화배우 최은희 씨가 그의 동료와 함께 나의 안내를 받고는 파초 앞에서 함께 기념사진을 찍고 돈 2천 원을 내게 건네주기도 하였다. 안내에 대한 팁인 셈이다.

사찰에서는 관광객이 많이 찾는 곳이라 세련된 문화도 동시에 빨리 전수된다. 팁을 사양하기도 하지만 어쩔 수 없이 받는다. 그날 2천 원이 학인인 나에게는 꽤 큰돈이라 여겼고 그 돈은 학비에 보태어 쓸 수가 있어 좋았다.

내 마음 청산이어라

나는 청산(靑山)을 좋아한다. 청산은 늘 푸르지만 요동하지 않기 때문이다. 요동하지 않는 청산, 흔들리지 않는 마음과도 같다. 반면에 같은 산이라도 울긋불긋한 산은 변화하는 것으로서 변하는 것은 오래 지탱할 수 없다는 것을 알 수 있다.

저 멀리 높게 떠도는 백운(白雲)도 마찬가지다. 오래 머물 수 없기에 스스로가 나그네인 줄 알 것이며, 그리하여 흩어졌다 모였다 하는 것이, 마치 자신의 실체가 영원하지 못함에 안타까워 부들부들 떠는 것인지도 모른다.

사람도 마찬가지다. 늘 청산이고 싶지만 청산이 되지 못하고, 외로운 떠돌이 구름처럼 그렇게 산다고 여길 수도 있다. 청산은 주인으로서 마음먹기에 따라서 '처하는 곳마다 스스로 주인이 된다(隨處作主).

무엇보다도 현처(現處)에서 주인이 되느냐 못되느냐는 스스로에게 달렸다. 스스로란, 몸뚱이가 스스로가 아니라 마음가짐이 스스로인데, 이 마음가짐이 '나는 주인이다'는 마음을 가지면 주인이 된다.

그러므로 '나는 주인이 아니다'라는 마음을 가지면 주인이 되지 못한다. '세상에는 영원함이 없다'는 말은 영원히 주인이라고 할 것이 없다는 말과도 같다. 영원히 주인이 없음에도 주인처럼 인생을 사는 사람이 있는가 하면, 세상에 태어나 죽는 날까지 나그네처럼 인생을 살다 가는 사람도 얼마든지 있다.

땅을 많이 가지고 있어도 흡족한 줄 모르면 늘 채우지 못한 마음에 허덕이게 되고, 돈이 아무리 많아도 그 돈을 유용하게 쓰지 못하면, 그 역시 채우지 못한 아쉬움에 허덕이게 된다.

돈이란 얼마를 가지고 있느냐가 중요한 것이 아니라 얼마나 유용하게 쓸 수 있느냐가 중요한 것이다. 스스로 지닌 돈은 아까워 한 푼도 쓰지 못하면서 남이 쓰는 돈은 부러워한다면, 그는 스스로 가진 거지다.

세상은 무엇을 먹고 어떤 환경에 사는 것도 중요하지만, 어떻게 삶을 살 것인가? 이것이야말로 참으로 중요하다. 사람이 어떤 일을 함에 있어서 설계도가 반드시 필요하듯 인생의 설계는 더 말할 것이 없다.

인생이라는 단어가 무한을 뜻하지 않기 때문이다. 마치 한정된 텃밭이나 정원과도 같아서, 작은 정원에 알맞게 정원석을 배치해야 함에도, 정원석이 아름답다고 다 채운다면 그것은 정원도 텃밭도 아닌 그저 돌무덤에 지나지 않는다.

필요한 만큼 취하고 버릴 줄 알아야 한다. 비유하건대, 내가 저기 바다나 강을 건널 때 뗏목이 필요한 것이지, 건너고 나면 뗏목의 역할은 끝나 버린다. 만약에 뗏목을 짊어지고 다닌다면, 그는 지극히 어리석은 사람이다.

한 자식이 있어 그 자식이 크게 성공하길 바란다면, 자기 것을 챙기고 나아가 자기의 아성을 쌓는 것을 중히 여길 것이 아니라, 먼저 버릴 것을 가르쳐야 한다는 것이다.

이것은 강가에서 낚시를 하면서도 교훈을 얻을 수 있는데, 작은 고기를 잡는 사람은 고기밥을 크게 쓰지 않는다. 그러나 큰 고기를 잡으려는 사람은 고기밥을 크게 쓴다.

고기를 유인하기 위한 떡밥도 크게 써야 하는데, 이것이 바로 큰 고기를 잡기 위해서 고기밥을 크게 던지는 것이다. 이것을 달리 용어를 쓴다면 '크게 버린다.'는 의미와 같다.

 세상은 지극히 공평해서 뿌린 대로 거두게 돼 있다. 내가 큰 수확을 기대한다면 땅을 크게 개간해야 할 것이고, 반면 작은 것으로 만족하는 사람은 굳이 크게 개간할 필요가 없다. 이렇게 말하면, "일하지 않고 얼렁뚱땅 사는 사람이 잘 산다. 크게 성공한다."는 등의 말을 할 수 있는데, 세상은 예외가 있다. 그것은 산에 가 보면 오래된 나무가 기껏 몇 십 년 내지 100년 남짓하지만 우연히도 천년을 넘게 산 '은행나무'는 말없는 말(無言說)을 하지 않을까? 바로 이러한 도리를 두고 어떤 선사(禪師)가, "하늘이 덮지 못하고, 땅이 싣지 못한다." 했던가?

용문사 새벽 커피

　용문산(龍門山)의 기운이 영계(靈溪)의 새벽 물소리와 함께 시작될 때쯤, 용문사의 스님들은 새벽 다섯 시 50분에 공양을 한다. 공양이 끝나면 곧바로 차방(茶室)으로 모인다. 차방은 지난 봄에 사찰 체험temple stay용으로 새로 지었다. 뱃집 형태로서 실 공간이 넓고 크면서 확 터져 있어서 참 좋다. 더 좋은 것은 청량감이 감도는 신령한 계곡 물소리를 들으며 끽다(喫茶)를 즐길 때면 세속의 번뇌가 마치 비늘이 떨어지듯 쾌청함을 느낀다.

　용문산은 산도 높고 골도 깊으면서도 나무의 수종이 다양해서 푸르고 노랗고 붉은 단풍까지 그 색이 무척이나 아름답다. 이런 아름다운 환경에서 물소리를 들으며 미풍에 떨고 있는 나뭇가지에 매달린 잎사귀를 볼 때면 '산이 참 아름답다' 하는 감탄사가 절로 나온다. 특히 천년을 훌쩍 뛰어넘은 은행나무는 살아 있는 화석(化石)으로 불릴 정도로 오래된 영목이며, 이 나무를 한 번 보려고 모여드는 사람들이 그 수를 헤아리기가 어렵다.

절이란 어느 사찰 할 것 없이 모두 이른 새벽에 기상한다. 이른 새벽에 기상을 해서 부처님 전에 예불(禮佛)을 한다. 예불이 끝나면 각자 거처하는 방으로 들어가서 스스로의 할 일이나 공부를 하다가 새벽을 울리는 공양 목탁 소리를 들으면 공양간(供養間)으로 가서 공양을 한다. 공양이 끝나면 차방으로 스님들이 한둘 모인다. 예전에는 절에서 차를 마신다면 당연히 전통 차인 작설(雀舌)이나 중국에서 들어오는 보이차, 오룡차 등을 마시겠지만, 요즘은 커피를 마시는 것이 유행처럼 되어 버렸다. 당연히 이곳 용문사에도 커피를 마신다. 다만 일반적인 인스턴트커피는 아니다. 핸드 드립으로 잘 갈린 원두가 아릿하면서도 쌉쌀하고, 짙게 검붉은 에스프레소espresso의 맛은 원두커피 마니아mania가 아니고서야 어찌 알 수 있으리까? 나 역시 원두커피를 먹다 보니 혼합된 인스턴트커피는 먹지 않게 된다. 사찰도 시대의 배경을 그냥 지나치지는 못하는 것 같다.

전국에 크고 작은 선방이 많이 있는데 지금은 거의가 원두커피와 전통 차 등을 함께 마신다. 요즘 신세대 스님들은 원두커피를 더 좋아한다. 이것이 오늘을 말하는 세상의 흐름이 아니고 무엇이랴? 이곳 용문사에는 신세대, 중간 세대, 구세대가 다 모여 있다. 세대별로 구분해서 나눈다면 주지인 H스님은 중간 세대로서 현재 진행형에 속한다. 그리고 주지 스님의 사제 되는 D스님도 현재 진행형에 속한다. 현재 진행형이라는 용어를 붙이는 것은 나이는 중년에 접어들었고 현재 주어진 소임과 함께 하는 개인 수행이 진취적이고 활달하다는 뜻이다.

그리고 신세대라 할 수 있는 H스님과 S스님이 있는데, 이 스님들은 미래형이라 본다. 미래형이란 아직 세수(世壽)나 법랍(法臘)이 많지 않으니 따라서 현재는 그렇게 활발하게 활동하지는 않지만 미래를 향해 한 발짝씩 나아간다고 볼 수 있다. 또 내 옆방에서 늘 대하는 스님이 D스님인데 선방에 들락날락하는 스님이다. 이 스님은 중년의 나이와 법랍을 지녔지만 현재형은 아닌 것 같아서 정체형(停滯)형이라 본다. 물론 정체형이란 움직이지 않는다는 말과도 같다. 그렇지만 수행자의 본분이 고요함을 추구하고 고요함 속에서 자기를 찾아간다고 생각할 때 굳이 앞으로 나아가는 것만이 대수라 여길 수 없는 것과도 같다. 특히 본인이 스스로 자신을 '갤러리gallery'라 말하는 것과도 그렇게 틀리지 않는다고 본다. 그렇게 말을 할 때면 그 자리에 앉은 사람들 모두는 한바탕 웃음바다가 된다. 생각해 보라. 갤러리란 그림을 거는 공간의 의미도 있지만, 더욱 재미있는 것은 비 오는 날 골퍼가 그들만의 목적이 있어서 질펀한 풀밭 위에서 흰 백구를 날릴 때, 우산을 들고 졸졸 따라다니는 사람들이 갤러리라 생각하니 어찌 우습지 않겠는가?

여기서 나 자신을 말하지 않을 수 없는데 나는 세수가 이미 중년을 넘어서고 있고 법랍도 많다. 그러니 과거형에 속한다 할 수 있다. 과거형이란, 현재는 속된 말로 별 볼일 없다. 신도를 비롯해서 많은 사람들 접촉할 일도, 누가 오라 가라 초대받는 일도 많지 않다. 다만 과거형에 속하지만 미래형이라고 말하고 싶다. 그것은 쉼 없는 집필과 한지에 먹물 옷을 입히는 예술이 미래를 바라보게 하기 때문이다.

이런 구성composition에서 일부 스님들 이야기 외에도 '하늘의 소리(梵音)'를 들려주며 참선을 지도하는 D, L스님이 있고, 또 사찰의 일을 보는 많은 재가 처사, 보살들이 함께 생활한다. 특히 산에서 수련을 하는 산사 무공(山寺武功)은 전통 소림 무술을 평생 해 온 무술 관장의 지도와 K사범의 시범은 템플 스테이에 동참한 많은 사람들에게 깊은 재미를 더한다.

노스님의 신통력

밀양에 가면 영남루(嶺南樓)가 있는데 영남 팔경에서도 으뜸이다. 누각 아래로는 남천강이 시원하게 흐르는 아담한 동산에, 아랑의 전설과 더불어 울창한 산대의 어울림이 가히 절경이다. 영남루에 들어서면 먼저 눈에 띄는 것이 누각에 걸린 현판 글씨다. 글씨는 영남의 대가이신 오제봉(吳濟峯) 거사의 글이다. 글씨는 크고 힘찬 것이 남천강 물이 굽이치는 듯 힘차 보인다. 그런 누각을 뒤로 남서로 감아 도는 곳에 무봉암(舞鳳庵)이 있다. 무봉이란, 봉황이 춤을 춘다는 뜻이다. 내가 이곳에 머물렀던 시절이 20대 초반이라 아주 오래전 이야기다. 이곳 노스님은 당시 나이가 일흔 정도 되어 보였다. 노스님은 퍽 인자하면서도 여느 노스님과 다른 면을 볼 수 있었다. 얼굴은 어려서 수두가 지나간 것 같은 조금은 얽은 얼굴에다, 후리후리한 키에 부지런

했으며, 상식이 풍부했다.

노스님은 늘 찾는 사람이 많을 정도로 인기가 좋았다. 스님의 특징이라면, 사주(四柱)를 잘 보았고 병든 사람을 잘 구원했다. 병든 사람을 잘 구원할 수 있었던 것은 주력(呪力. 주문을 통한 힘) 때문이다. 주력이란 염불(念佛)의 일종이라 할 수 있는데, 염불이 목탁을 치면서 적당한 운율로 소리를 내는 것이라면, 주력은 낮은 소리로서 빠른 템포로 반복해서 하는 것이라 할 수 있다. 물론 그렇게 염불하듯 하는 것 외에도 금단 금식(禁斷禁食)을 한다. 금단 금식이란, 행동을 조심하고 식단을 가려야 하는 것이다. 가령 주력을 하는 기간에는 남자라면 여자를 멀리해야 하고, 음식도 가려야 한다. 술, 육류는 말할 것도 없고 오신채(파, 마늘, 달래, 부추, 홍거)도 먹어서는 안 된다.

노스님의 주력 이야기를 빌리자면 천수 주력(신묘장구 대다라니 주문)에 들면 백일 동안 하는데, 주문은 밥을 먹는 시간도 이어지고 더 나아가면 잠자는 시간에도 주문을 왼다는 것이다. 호사다마(好事多魔)라는 말이 있듯이 큰 원력으로 기도나 주문을 할 때면 늘 따라다니는 것이 마장(魔障)이다. 노스님도 자신이 주력을 하는 동안의 여러 마장에 대해 이야기를 들려주었다. 잠을 잘 때 꿈속에서 수많은 신장들이 나타나는데, 대웅전 법당의 신장 탱화에서 보이는 모습 그대로라 했다. 큰 칼을 차고 갑옷을 입은 신장들이 수도 없이 노스님을 향해 달려들었고, 노스님은 그들을 물리치느라 발로 벽을 차는 몸부림을 치는 일이 많았다고 했다. 그렇게 주력을 세 번 정도 하고는 큰 신통력을 얻게 되었다.

신통력을 얻고 나니 하루는 어떤 부인이 찾아왔다. 부인은 다짜고짜 스님을 자기 집으로 가자고 했다. 거의 끌려가다시피 그 부인의 집에 들어갔는데, 방에는 거의 숨이 멎을 듯한 처자가 누워 있었다. 몸은 야윌 때로 야위었고, 거의 식음을 하지 못하는 몰골이 안타까웠다. 스님은 곧 '천수 주력'을 외었다. 한 시간이 지나고 두 시간 가까이 시간이 흐를 무렵, 신기하게도 앙상한 몰골의 처녀가 자리에서 일어났다. 그리고 식음을 되찾았다. 그것이 계기가 되어 많은 사람들이 스님을 찾게 되었다.

나는 무봉암에서 오래 살지는 않았지만 노스님을 대할 때 웃음이 절로 나오는 순간이 많았는데, 노스님은 가끔 이발소를 다녀왔다. 일반적으로 이발소를 다녀오면 얼굴이 깔끔해져서 오는 것이 보통인데 노스님은 그렇지 않았다. 얼굴에 수염이 드문드문 남아 있었다. 그런 모습을 몇 번이나 보게 되었다. 나는 볼 적마다 웃음을 참을 수 없었다. 한편으로 생각하면 왜 이발소에서 돈을 주고 한 면도가 저럴까 의문이 들지 않을 수 없었다. 나의 짐작으로는 노스님은 늙은 데다 얼굴마저 얽고 못생겨서, 돈을 주고도 제대로 대접을 받지 못하지 않았나 하는 생각을 하게 되었다. 이발소에 다녀온 모습에 내가 웃음을 참지 못하는 것은, 단순히 수염 때문만은 아니었다. 노스님은 이발소를 다녀오면 나를 불렀다. 그리고 큰 거울 앞에 서서 양 손가락을 얼굴에 대고는, "지연이, 내 어떻노?" 하고는 나에게 묻곤 하는데 그럴 때 나는 뭐라 대답을 하기보다는 웃음이 먼저 났다. 내가 볼 때는 얼굴에 여드름 같아 보였다. 아무리 건강한 노스님이라 해도 그 연세에 여드름같이 보일 뿐이지, 여드름은 아닐 수 있다. 그러나 내 눈에는 여드름같이 보였다. 그것은 양 손가락으로 여드름처럼 짜기 때문이다. 생각해 보라. 나이 일흔 노스님이 큰 거울 앞에서 여드름을 쥐어짜면서 '내 어떻노' 한다면 웃지 않을 사람이 있겠는가? 그런 노스님을 이제는 볼 수 없다. 언제가 통도사에서 들은 말로 돌아가셨다는 것이다. 스님은 신통력뿐만 아니라 지식도 풍부했다. 지금도 스님께서 나에게 한 말씀 중 기억나는 것이, "사람 나고 대과급제한다."는 말이다. 즉 대과급제할 사람은 노력만 해서 되는 것이 아니다, 라는 말씀이다. 물론 다 타고난 팔자라면 무슨 노력이 필요할까, 의문을 가질 수 있으나 그것은 타고나도 노력하지 않으면 안 될 것이고, 설사 타고나지 못했을지라도 열심히 노력한다면 좋은 결과를 얻을 수 있다. 공자도, "거부(巨富)는 하늘이 내리지만 잘살고 못사는 것은 스스로 하기에 있다." 하지 않았던가? 나는 그 시절 노스님이 나에게 하신 말씀을 지금도 기억하고 또 쓰고 있다.

자유와 고독

사람이 살아가는 데 있어 가장 특권이라면 그것은 곧 자유라 할 수 있다. 무엇이 자유인가? 자유(自由)란 '스스로 말미암는 것'을 말한다. 스스로 말미암는 것은, 밖으로부터 그 어떤 작용에 의해서가 아니라, 스스로의 판단에서 나오는 것이다. 다만 시대의 배경과 개인의 관념에 따라 '자유'의 개념을 달리할 수 있는데, 19세기는 유럽의 문화가 극도로 발달한 때다. 문화가 극도로 발달했다는 것은 사람들 개개인의 인성이나 감성도 매우 고조(高潮)한 시기라 할 수 있다. 이럴 때 '클래식classic 최고의 로맨스'니 '순수 열정'이니 '플라토닉 사랑' 등을 표현하며, 한 시대를 풍미했던 작곡가 요하네스 브람스Johannes Brahms가 그의 스승 슈만Robert Alexander Schumann의 아내이자 당대 최고의 피아노 연주자며 작곡가인 클라라Clara에게 자신의 관념적 사고를 말한다. "자유롭게, 그러나 고독하게 자유로워져야 해요, 새처럼." 이런 말을 '낭만적이다' '관념론이다'라고 말한다. 그렇게 말한 배경은 20세의 브람스가 14년의 연상인 34세의 여성적 아름다움이 물씬 풍기는 미모의 클라라를 사랑했기 때문에 그의 좌우명을 사랑의 고백처럼 표현하지 않았을까. 이것은 자유를 구가하고, 고독을 즐기는 한 예술가의 시대상이라 볼 수 있다. 그러나 거의 같은 시기에 아이러니하게도 동양은 그렇지 못했다. 문화의 배경보다, 우선 개개인의 권리(자유)를 비폭력이라는 정치적 플랜plan으로 외쳤던 것은 문화가 안정된 서구의 자유가 개인의 관념에서 나온 것이라면, 간디(Mohandas Karamchand Gandhi, 1869~1948, 비폭력 행동주의 정치가)는 민족의 해방(자유)을 위한 외침이라 할 수 있다. 거의 같은 시기 식민지 지배를 받고 있던 우리 민족에게 외치던 만해(卍海. 1879~ 1944, 시인, 독립 운동가)의 '우리들(吾等)'은 역사의 부름에 답하는 '자유'라 할 수 있다. 그 배경에는 '민족'이 있을 뿐이다.

이렇듯 자유는 개인이 되었든, 민족이 되었든, 예술가의 혼이 되었든, 그것이 가지고 있는 공통점은 인간이 살아갈 수 있는 의무가 될 것이다. 나에게 있어 자유라면 수평적 자유를 말한다. 수평적 자유란 잔잔한 호수에서 한 마리 백조가 춤을 추듯 마음대로 유희하는 것과 같은 것이다. 반면에 '고독'이란, 나에게 있어서 한 계단 아래에서 다시 한 계단 위를 도약을 꿈꿀지라도 아닌 것(不)에 타협하지 않는다는 것이다. 그것은 유교를 숭상했던 조선 시대의 선비 정신과 같은 것이다.

그래서 스스로 즐기는 고독은 요하네스 브람스가 즐기는 고독과 별반 다르지 않을 것으로 생각한다. 브람스가 예술가로 한 남자로서 한 시대를 자기 맞춤에 취해 살았다면, 나 역시 예술을 사랑하는 문인으로, 수행자로 거리낌 없는 삶을 살다가 청산으로 돌아가고 싶다. 어떻게 생각하면 브람스가 '새처럼' 훨훨 날아서 무엇에도 걸림 없이 살고파 하는 것과, 임제 선사(臨濟禪師)가, "흰 구름 끊어진 자리, 청산이 있다네(白雲斷處有靑山)."라고 말한 것은 같은 맥락이다. 산에서 수양하는 사람들은 누구나 고독하다면 고독하다. 그렇지만 임제가 말하는 고독은 임제의 자존심이자 나의 자존심이 아닐까? 그가 말하는, "흰 구름 끊어진 자리 백운이 있다." 함은 산에는 흰 구름이 있다. 흰 구름은 늘 정처 없이 떠도는 것으로, 자신을 비유할 수도 있지만, 실체 없이 떠돈다는 것 자체가 번뇌(煩惱)다. 그래서 번뇌 떨치면 마음자리(靑山) 드러난다는 것이다. 다시 말하면 산중에서 비록 고독한 삶을 살지라도 결코 고독하지 않음을 말한다, 할 것이다.

내가 현재 머무는 곳이 용문사다. 1100년의 오래된 영목(靈木. 은행나무)으로 유명하다. 그래서 매일같이 사람들이 구름처럼 모이는 곳이기도 하다. 그런 곳에서 무엇이 외로울까 말할 수 있겠지만, 세속을 떠나 고요함 속에서 자기를 찾아가는 수행인은 많은 사람들이 결코 위안이 되기보다는 밀물처럼 들어왔다가 썰물이 되어 나가는 물결과 같아서, 오히려 수행에 방해가 될지언정 크게 도움이 되지 않는다. 물론 한 경지를 얻어서 세속과 세속 아님에 구애 받지 않는 도인이라면 그것은 다르다.

나는 이곳에서 비교적 건강하게 수행하며 산다. 함께 수행하는 도반들로부터 그런 소리를 듣는다. 그런 소리를 들을 수 있어 행복하다. 그렇게 행복함을 느낄 수 있는 것은 과거처럼 주어진 의무에 집착하지 않기 때문이다. 나도 이 길에 들어선 지 많은 세월이 흘렀다. 따라서 나이도 들만큼 들었지만 아직은 안으로 뜨거운 열기가 용광로처럼 솟구치기도 한다. 내 가슴에 용광로가 일렁일지라도 나는 내 고독을 지키기 위해서, 아름다워 보이는 여인과 한 잔의 차도 사양할 수 있었다. 그렇다 해서 내가 수행이 많이 되어 꽃을 보면서 꽃이 시들 때를 생각하는 그런 허무주의(虛無主義. nihilism)자도 아니요, 그렇다고 여자를 보면서 여자가 아닌 석녀(石女. 돌계집)처럼 볼 정도로 수양이 되어서도 아니다. 다만 '나는 중이다'라는 그 벽을 허물고 싶지 않기 위해서, 외로운 냉전cold war시대의 데탕트detente 같음을 바라지 않는다. 이것이 나의 자존심이자, 내가 즐기는 고독인지 모른다.

설곡리(雪谷里) 토굴

도심에서 포교를 한답시고 상도동에서 생활한 지도 3년이라는 시간이 지나갔다. 공해에 찌든 도심에서 생활하는 것이, 출가 사문(沙門. 수행자)에게는 지옥이라 한다면 지나친 표현일까? 참 힘들게 생활을 했다. 그렇게 생활하던 어느 날 나는 큰 결심을 했다. "이렇게 사는 것이 수행인가?" 평소 나 자신에게 자문(自問)하며 보내다가, 토굴에 들어가 살아 봐야겠다는 생각을 하게 됐다.

그때부터 시간이 나면 여기저기 토굴 자리를 알아보고 다니던 중에 가평군 설악면 설곡리 소설산(小雪山)의 민가 한 채를 샀다. 외진 산속 허술한 집 한 채다. 다만 산자락이 아담하면서 집 앞에는 개울물이 흘러 좋았다. 더욱 맘에 드는 것은 그곳이 조계종 중흥조이신 태고 보우(太古普愚) 국사께서 오래 머물다 열반하신 곳이기 때문이다.

 이렇게 토굴 생활은 시작되었다. 복잡한 도심 생활이 힘들긴 해도, 생활하기는 편리할 때가 많았다. 그렇게 도시 생활을 접고, 토굴 생활에 접어드니 모처럼의 산중 생활이라 아직 몸에 익숙지 않아서일까 조금은 망망(茫茫)했다.
 나는 과거에도 산에서 많이 살았다. 절이 대개 산간에 있고, 따라서 수행자라면 산과 멀리할 수 없는 것 아니겠는가? 수행자는 늘 함께 하는 벗이 있으니, 산과 백운과 흐르는 물이 그것이다.
 과거 산간에 살 때는 잘 몰랐는데, 나이가 들고 도심 생활을 하다가 막상 인가가 드문 깊은 산간에 와 보니 수행에 불편이 많았다. 화장실도 재래식이라 그렇고 밥을 하는 공양간도 그렇지만, 다 극복하면서 살겠다는 마음을 가지고 우선 마을 집을 절집으로 조금 수리를 하기로 했다.
 막상 수리를 하려니 일하는 사람을 구하는 것이 쉽지는 않았다. 산골이라 그런지 약속을 잘 지키지 않았으며, 인건비도 상당히 많이 들어갔다. 보일러와 수도는 어느 정도는 손을 보았다. 화장실이 문제인데 구(口)자 형태의 집 구조와 수도관의 배치를 확인하니 수세식 화장실이 가능했다.
 나는 곧 기술자를 불렀지만 기술자는 두 번의 약속을 어기며 오지 않았다. "이곳에 와서 일하는 것이 별 재미가 없는가 보다."
는 생각을 하며, 평소 내 성격대로 내가 직접 해야겠다는 생각으
로 포클레인 동원하여 정화조 묻을 땅을 파고, 잡부 한 사람 부
르고 건재상에서 필요한 배관이며 부속 등을 사서 설치를 했다.

  그렇게 그럭저럭 거처할 만하게 만들어 놓고는 토굴에 수구
암(睡口庵)이라 이름을 붙였다. 수구암이라는 이름을 정한 것은
수구란, 잠잘 '수'자에 입 '구'자라, "주리면 먹고, 곤하면 잔다
(飯來開口睡來合眼)."는 야부(冶父) 선사의 말씀도 되고, 이 집의
구조가 입 구자 형태이기에 현판에 즉석으로 써 붙였다.

  수구암이라는 토굴 이름을 지을 때 내 마음의 본뜻은 크게 두
가지를 들 수 있다. 하나는, 그간 도심 생활에서 찌든 마음을 놓
고 공부하다 졸리면 자고 주리면 채우는 그런 낙천적인 생각이
있었다. 그리고 봉화에 가면 청량산이 있는데, 그곳에 풍혈(風穴)
이라는 암벽에 움푹 들어간 굴이 있다. 그곳에서 신라 최고의 명
필 김생(金生)이 그곳에서 10년을 공부하여 신라 최고의 명필이
되었다. 나도 이곳에서 그와 같은 수행을 하기를 바라는 마음이
있었던 것이다.

  나는 오래전부터 서예를 해 왔고, 간간이 그림(禪畵)을 그려 왔
다. 그러하기에 이곳은 내가 수행하면서, 서예를 하고 그림을 그

리고 글을 쓰며 살기로는 괜찮은 편이다. 다만 토굴 간판은 '수구암'이라 붙였지만 암자다운 격식을 갖추고 살 수는 없었다. 때가 되면 스스로 끼니를 해결해야 했고, 물이 나오지 않으면 이 역시 스스로 나가서 살펴야 했다. 그러나 이렇게 살아가는 이 모든 것이 나에게 주어진 환경적 운명일진대 거부하지 않았다.

3, 8일이 되면 양평 장날이다. 나는 가급적 장에 가기를 주저하지 않았다. 요즘 세월에는 장날을 찾지 않아도 되지만 장날에 장에 가면 우리의 옛 모습을 찾을 수 있어 좋았다. 그곳에는 강아지 두어 마리 들고 나와 파는 사람, 토끼며 고양이 등 한마디로 종합 시장이다. 또 먹을 것도 많고 하니 한 번쯤 둘러봄직하다.

양평이라 하면 용문산이요, 용문산 하면 용문산 산나물을 뺄 수가 없다. 장에서 산나물을 사기 위해서 봄철에는 한 번도 빠지지 않고 장에 갔었다. 우선 도심지에서 탈피해 산간 토굴 생활이 좋은 것은 당연히 물과 공기, 그리고 환경적이다. 특히 방문을 열면 드넓은 숲과 초록색으로 단장된 싱그러움은 무어라 표현할 수 없을 정도다. 밤이 되면 수많은 별들이 얼마나 투명하고 밝게 반짝이는지 바로 내 머리 위에서 금방이라도 쏟아질 듯 어른거린다. 잠을 자고 잠에서 깨어날 때쯤이면 온갖 새들이 대합창을 하지 않던가? 그럴 때 나는 이것이야말로 대단원의 오케스트라요, 전원 교향곡이라는 생각을 하며 하루하루 수행 생활을 해 나

갔다.

 본시 수행이란, 단어만큼 쉽게 접근할 수 있는 것은 아니다. 그러나 스님들은 예전에 대중처소에서 각기 참선(參禪)을 하던 그런 습관과 능력을 가지고 있으니 환경이 어디에 처해 있든 그대로 해 나갈 수는 있다. 그렇지만 주변에서 가끔 보고 들은 이야기지만 스님들이 공부한다는 산간 움막, 토굴 등에서 앉아 있는 모습만 보고는 외형적 흉내에 빠져 그렇게 하는 줄 알고 있다. 그러나 그렇게 공부는 간단치 않다. 자칫 잘못하면 외도로 빠질 수도 있고, 또한 선무당처럼 되어서 스스로의 몸과 정신을 혼미하게 만들어 자신도 죽이고 남도 죽이는 그런 꼴이 될 수 있다는 것이다.

 아무튼 나는 이곳에서 주로 선화(禪話)를 그리는 데 많은 시간을 보냈다. '선화'라 함은 간단히 말을 해서 수행하는 사람이 그리는 그림이라고 말을 할 수 있다. 왜냐하면 수행하는 사람의 목적은 깨달음에 있으니, 그의 행위 모든 것은 다 깨달음과 관계가 있는 것이다. 그러므로 그가 달마의 그림을 그리더라도 그의 수행에서 우러나오는 것이고, 찻잔 하나를 그려도 그의 수행과 깨달음에서 나오는 것이기 때문이다.

업(業)의 그림자

　불교를 잘 알지 못하면 업(業. karma)이라는 용어를 이해하지 못한다. 업은 짓거나 만드는 뜻을 가지고 있다. 그렇다면 우리에게 주어진 직업 같은 것이 아니겠는가? 하겠지만 종교적으로, 특히 불교적인 업은 이해를 달리한다고 할 수 있다. 업이라는 것을 좀 더 바로 이해를 하자면 자기가 해 온 관습 내지 일체의 행위를 말한다. 그것을 잘 말해 주는 것이, "전생의 일을 알고자 한다면, 금생에 받은 것이 이것이니라. 다음 생의 일을 알고자 하면, 금생에 하는 것이 이것이니라(欲知前生事 今生受者是 欲知來生事 今生作者是)."라는 말이다.

　어떤 사람이든지 과거, 전생의 나는 누구인가, 하는 것을 한번쯤 의심하지 않을 사람은 없을 것이다. 과거의 나도 현재의 나를 통해 나일 수밖에 없고, 미래의 나도 현재의 내 모습을 보면 알 수 있다는 것이다.

부처님 당시에 어느 날 한 여인이 찾아왔다. 이 여인은 미모가 아름다운 여인으로 부처님께 상담을 했다. 자신은 현모양처로 자식들도 잘 기르고 이웃과 친지에게도 잘하며 사는데, 어찌하여 남편이 자기를 업신여기고 학대를 하는지 모르겠다는 말을 했다. 이에 부처님께서는 신통력으로 손짓을 하며 가리키니 허공에 대궐의 모습이 보였다. 여인이 그것을 쳐다보는데, 부처님께서는 저곳이 전생에 그대가 공주로 살았던 대궐이라 하면서, 현재의 남편이 하인으로 그대에게 많은 천시와 학대를 받았다. 그것이 인과가 되어 금생에 그대의 남편이 되어 그대를 학대하는 것이다…… 등의 말을 하면서 전생의 업을 현재 어떻게 소멸할 것인가를 말씀하셨다.

업이란, 우리 몸을 따르는 그림자와 같아서 늘 함께 하지만 우리는 그것을 잘 알지 못하거나 혹 알았다 할지라도 그것을 쉽게 받아들이거나 수긍하려 들지 않는다. 가령 잠을 자다 꿈을 꾸었는데, 깨 보니 느낌이 좋지 않았다. 그럴 때 그것을 무시해 버리면 그는 업에 대해 아직 실감하지 않았기 때문이다. 그러나 꿈이 거듭 현실과 맞아지면 그는 꿈을 무시하지 않게 된다.

업이라는 용어는 불교에서 많이 쓰는 용어다. 나 역시 어려서 입산을 하였고, 업에 대해서도 잘 알지 못했다. 그러나 절에 와서 부처님 공부를 하면서 지난 과거와 현재, 그리고 다가올 미래를 생각하면서 바로 이것이 업이구나 하는 생각을 하게 되었다.

아직 세상사를 제대로 이해하지 못했던 나로서는 절에서 수행하는 스님들의 모습을 보고 놀라지 않을 수 없었다. 일반적으로 사회에서는 좋은 일은 내가 하고, 힘들고 더러운 일은 남이 하기를 바라는 것이 현실이라면 절에서는 정반대였다.

스님들은 열이면 열 모두가 각기 소임을 가지고 있다. 나이가 어리면 어린 대로, 나이가 많으면 많은 대로 누구 한 사람도 예외가 있을 수 없다. 그가 참선을 하든, 경학을 공부하든 그것은 스스로의 공부일 뿐 소임(所任)을 갖는다는 것은 동일하다. 내가 더욱 놀란 것은 힘들고 고단한 소임이라 할 수 있는 공양주(供養主. 밥 짓는 일)며, 정통(淨桶. 화장실 청소 담당) 등을 서로 하겠다는 것이다. 공양간을 살펴보면 새벽 세 시에 일어나 부처님께 예불(禮佛)을 하고 곧 바로 후원에 들어가 쌀을 씻고 불을 지핀다.

스님들이 공부하는 처소는 대개 규모가 크다. 대중이 많다 보니 가마솥에 밥을 해야 하고 밥을 풀 때도 삽으로 해야 할 정도로 힘이 든다. 정통 소임 또한 힘들고 더러운 소임으로, 규모가 크다 보니 한 번 청소를 하려면 몇 시간이나 소요된다. 이러한 소임을 스스로 하겠다고 나서는 것이 수행하는 스님들이다. 그것은 바로 업이라는 것을 소멸하기 위함에서다. 세속에서 지낼 때는 미처 생각하지 못했던 것을 절에 들어와서야 비로소 알게 된 것이다.

스스로 지은 업이 살아가는 데 얼마나 힘이 드는지 그로 인해 앞으로 삶이 어떻게 전개될 것인지를 절간에서 실감하기 때문에 업을 소멸해야 한다는 강한 집념을 갖게 했고, 그로 인하여 하심(下心. 자신을 낮추는 일)과 인내를 하게 된다.

이러한 수행이 신도들에게 그대로 전해져서 어느 사찰, 어느 법당에서든지 흔히 볼 수 있는 광경이 업장 소멸 108배요, 나아가 3천 배라 할 수 있다.

업이란, 주고받는 give and take 것이 될 수 없다. 그것이 우리들이 잘 알고 있는 자업자득(自業自得)인 것이다. 어떠한 행위를 했어도 어떤 사람은 괜찮다 하고, 어떤 사람은 금방 결과가 있다 하고, 어떤 사람은 무시해 버린다. 업의 결과에 대해서, 불교에는 순현업(順現業)과 순생업(順生業), 순후업(順後業)이 있다. 이것은 업을 지으면 금방은 괜찮을지 몰라도 차차 내지 다음 생까지 가서라도 반드시 받는다는 것이다.

그러므로 우리들의 삶이 힘들지라도 불평하는 마음, 원망하는 마음을 갖지 말라. 그런 생각을 하기 전에 먼저, "이 모든 것이 나의 업이니라." 하는 생각으로 받아들이면 그는 인생을 순차적으로 살아갈 수 있지만, 누구 말대로, "왜! 나만 가지고 그래." 하는 생각을 한다면 그의 인생은 후회만 더하게 되리라.

3부
무욕의 즐거움

若人靜坐一須臾勝造恆沙七寶塔
寶塔畢竟碎微塵一念正心成正覺

자장암

 구름이 두둥실, 그 구름을 불러 사다리처럼 타고 오감이 없이 살았던, 원효(元曉)와 자장(慈藏)의 숨결이 느껴지는 이곳이 운제산(雲梯山)이요, 자장암(慈藏庵)이다. 자장암은 신라 시대 자장율사(律師)께서 창건한 절로 전해진다. 암자 건너편을 마주하고 있는 봉우리가 노적봉(蘆積峰)이다. 그 봉우리 아래에 의상(義湘) 스님이 머문 의상암이 있고, 조금 더 아래로 가면 원효 스님이 머문 원효암이 있다. 자장암과 노적봉 사이는 천길 기암괴석이 수직으로, 그 아래는 짙푸른 골짜기가 싱그럽다.
 이곳의 풍광을 보고, 여행 칼럼니스트이자 『산과 바다』의 발행인 김인걸 선생이, "자장암은 금강산의 일부분 같고, 또한 동양화의 그림으로도 상급에 이른다."라고 표현했을 정도로 아름다운 곳이다.

삼국유사에 의하면 신라 제2대 남해대왕 차차웅의 부인의 호가 운제(雲梯)인데, 남해대왕의, "나는 죽어서 동해 바다의 용이 되어 신라를 지키겠다."는 서원에 따라 운제 부인이 산 정상에 성모단(聖母壇)을 만들었다 해서 운제산으로 부르게 된 곳이다.
　세월이 흐르고 흘러가 버린 지금에서 생각하는 자장암은 내 수행에서 잊을 수 없는 곳이다. 강원도 정선 화암리 토굴에서 생사에 초연하며 공부한 끝에 원을 세우기를, "시방 공간에 상주하는 불보살님이시여, 저의 몸이 다행하게도 좋아져서 이곳을 떠나면, 동쪽 햇살에 전망이 좋고, 먹는 것 정도만이라도 어렵지 않는 그런 곳에 머물 수 있도록 가피를 주십시오.⋯⋯"라고 발원을 하였는데 우연찮게도 그런 곳이 바로 자장암이었다. 내가 그곳에 처음 발을 딛고 하룻밤 잠을 청하였지만 잠이 오지 않았다. 그렇게 뒤척이다가 잠이 들었다. 당시에는 앞서 살던 스님이 떠나고 일주일 정도 비어 있을 때다. 전기도 전화도 없었으며, 물마저 길어서 먹어야 했다. 그래도 다행한 것은 강원도 화암(畵巖. 그림 바위) 골짜기 토굴에서 세운 원에 딱 맞는 곳이라 정말로 좋았다. 구걸하지 않아도 될 만큼 식량이 들어왔고, 가끔은 아래 절 오어사(吾魚寺)에 방생을 왔던 신도들이 올라와서 살림에 보탬이 되었다.
　그곳에서 하룻밤을 잤어도, 물이 있는 곳을 알지 못했다. 지형이 산봉우리인 데다 햇살마저 없을 시간에 도착했기 때문이다.

어디쯤에 물이 있을까, 둘러보다가 뒷길 경사진 곳으로 200m 정도에서 물이 나왔다. 두레박을 1.5m의 우물 속으로 던져 물맛을 볼 수 있었다. 물맛은 '지장수'처럼 좋았다. 물의 양은 많지 않았다. 그래도 황토에서 우러나는 물이라 정말 좋은 물이라는 것을 느낄 수 있었다.

그렇게 매일 두 번씩 물지게를 지며 생활하는 것이 행복했었다. 그래도 조금 부족한 점이 있다면, 교통도 불편한 산봉우리 외진 곳에다, 홀로 생활한다는 것이다. 그래도 외로움을 이겨낼 수 있었던 것은, 그곳이 워낙 경관이 좋은 명당이기 때문이다. 그곳의 환경은 해만 지면 온통 암흑세계가 된다. 불이 있다면 방 안에 켜는 심지 불이나, 촛불이 전부다. 가끔 편지를 써서 세속과의 교감을 하기도 했다. 편지 내용에는, "바람이 불어서 좋다, 오늘은 폭우가 내려 좋다……" 등을 많이 썼다. 그런 내용을 쓰는 데는, 그곳이 산봉우리에 동남이 확 트인 곳이라, 늘 바람이 불어오고 비가 와도 그냥 조용히 내리기보다는 '비바람'이었다. 그러한 환경에서 그런 문구를 쓰기도 하였겠지만, 그보다는 외로움에 젖은 자기 방어에서 역(易)으로 그렇게 쓰지 않았나 하는 생각을 해본다.

인간이란 선하고자 하면 천사요, 악하고자 하면 귀신도 두려워한다. 기신론(起信論)에서, "한 마음에 두 문이 있으니 하나는 진여문(眞如門)이요, 하나는 생멸문(生滅門)이다." 했다 진여가 청정한 마음, 즉 선한 마음이라면, 생멸하는 마음이란, 분별하는 마음으로서 미워하고 시기하고 질투하는 온갖 것의 마음이라 할 수 있다.

천년의 역사가 숨 쉬는 곳이라 많은 설화가 있다. 설화 중에는 『자장암과 호랑이』이야기가 있는데, 밤이 깊어 대송(大松)에서 불공을 하려고 자장암을 가다가 운제산에 올라 자장암 근처에 이르면 호랑이가 불을 밝혀 준다는 이 설화는, 외로운 산사에서 홀로 지내기가 그만큼 어렵다는 것이다. 누군가가, "스님이 뭐가 무섭다고……" 이렇게 말할 수도 있겠지만 전기도 안 들어오고, 찻길도 제대로 없는 그 시절, 해만 지면 온통 암흑인 그런 산중에서 20대 초반의 수행자로서는 감당하기가 쉽지 않았다.

누군가 남기고 간 여운이라면 적막한 산사는 더욱 그렇다. 그래도 그것을 이겨낼 수 있음은 아침에 떠오르는 햇살이다. 그런 햇살을 얼마나 좋아했던지 세월이 많이 지나서 내 얼굴을 바라보다가 이마가 검은 것을 보고, "왜 이마가 검지?" 하는 생각을 하였다. 나는 본시 얼굴이 검은 편에 가깝지, 흰 편은 아니다. 그런 사람이 이마가 더 검어 보이니, "왜 그럴까?" 생각할 수밖에……물론 지금은 그렇지 않다. 그렇지 않다는 것을 알기까지는 20년 정도의 세월이 지나야 했다. 다시 생각해도 홀로의 외로움이 얼마나 크든지, 당시에 생각을 그대로 옮기자면, "그대가 고독을 아는가? 진정 고독한 사람은 고독을 말하지 않는다." 이 말은 너무도 고독하기 때문에, 고독이라는 말조차 할 수 없다는 것이다. 고독이 뭔지 잘 모를 때 고독을 말하기는 쉬워도, 지독한 고독에 사무쳐서 떨고 있을 때는, 차마 말로 드러낼 수도 없다는 것이다.

이렇게 생활할 때쯤, 부산에서 뜻밖의 아가씨 둘이 왔다. 처음에는 외롭고, 사람 보기 힘든 곳에서 젊은 여자를 보니, 그저 반가웠다. (수행자가 이러면 안 되는데…) 그들은 뜻밖에도 자장암에서 잠시 머물고 싶다는 것이다. 그것도 스님 공양 준비도 하겠다며 말이다. 그런 제안에 한편 생각하면 밥하는 공양주 역할도 하겠다고 하니 좋은 것 같고, 또 한편으로는 불안한 마음이 들었다. 불안하다는 것은, 그곳이 어디까지 절인데, 신도들을 의식하기에는 내가 너무 젊다는 것이다. 그렇게 며칠을 생활해 보니 나이는 어려도 불심이 꽤 깊어 보였다. 그들은 자장암에 오기 전에 주로 사찰을 중심으로 여행을 했었다는 말을 했다. 여행 중에 전라북도에 있는 본사 B사찰에 들러 알게 된 스님에게 자장암에 머문다는 이야기를 하여, 한 날은 스님이 왔다. 스님이 우연히 자기가 머무는 사찰에서 알던 인연으로 그곳까지 찾아왔다는 것이, '이성적 감성'이 많이 작용한 것 같아 보였다. 그래서 그런지는 몰라도 그날 밤 내 방에서 함께 자게 되는데, 논쟁 아닌 논쟁으로 날밤을 보내었다. 마치 동물의 세계에서 암놈을 두고, 두 수놈들이 서로의 힘자랑을 하듯 그렇게 그날 밤을 보낸 것이다.

다음 날 B사찰에서 온 스님은 별 소득 없이 그냥 돌아갔다. 그냥 돌아갈 수밖에 없었을 것이다. 밤새 논쟁에서 내가 만만치 않다는 것을 알게 되었으니까. 그렇게 돌아갈 사람 돌아가고, 남을 사람은 남아서 지내던 중에, 두 처녀에게 직장이 생겼다. K양과 J양 둘은 부산의 모 명문 여상을 함께 나온 친구 사이다. 서로 다른 면이 있다면 K양이 학교에서 학생들을 통솔하는 규율 부장을 했다고 그녀의 친구로부터 들은 바 있다. 그녀는 덩치도 컸고 힘도 어찌나 세던지 어지간한 남자도 안 될 것 같아 보일 정도다. 반면에 J양은 여고 시절 육상 선수 출신이라 하체가 좋았고 심덕도 다소곳한 여자였다. 그래도 아쉽다면 K양의 음식 솜씨다. 얼마나 음식 솜씨가 좋은지 준비된 재료를 가지고 음식을 만드는 것은 그렇다 할지라도, 산봉우리에다가 인가가 멀고 교통도 좋지 않은 그런 곳에서의 솜씨 발휘가 진정한 발휘가 아니겠는가? K양은 나도 모르는 산나물을 어찌나 잘 알고 찾아서 찬을 만들던지, 그것만은 한동안 여운이 남았다.

철새가 시절이 돌아오면 가 버리듯, 그들은 그렇게 떠나고 말았다. 나는 다시 혼자가 되어 공양을 해결하며 그렇게 지내던 어느 날이던가, 그들이 다시 자장암을 찾았다. 이번에는 나이 지긋한 할머니 한 분을 모시고 왔다. 그로부터 공양주 할머니가 해주는 밥을 먹으며 수행할 수 있어서 좋았다.

자장암은 나에게 잊을 수 없는 도량이다. 내 젊음의 상징 20대

초반에 그곳에서 5년이라는 세월을, 기쁨과 슬픔으로 함께 했던 곳이기 때문이다. 그런 곳이 어찌 꿈엔들 잊히리까? 지금도 옛 그림자처럼 생각나는 기암절벽에, 삼면으로 둘러쳐진 자장암 작은 법당, 앞마당에서 이어지는 범 머리 바위를……. 호수 건너 바라보던 절벽 아래 푸른 골짜기며, 호수 건너 바라보이는 쌍송도(雙松島. 호수에 솟은 바위의 두 소나무) 법진, 성현, 두 화상과 함께 쪽배를 저으며 노래 부르던 그곳을 내 어찌 잊을 수 있으리오.

화암리 토굴

 화암리는 강원도 정선군 동면에 있다. 화암(畵巖)이란 그림 바위라는 뜻으로 그곳에는 태백산의 준령 자락에, 그림 같은 암벽들이 가파른 천길 자락으로 마치 병풍처럼 둘러쳐 있는 그곳이 화암리다.
 내가 그곳에 가게 된 것은 몸이 좋지 않아서였다. 사경의 늪에서 허우적대다 겨우 몸을 일으켜 세워 회복을 해 나갈 때다. 마침 그곳에는 서암(西岩) 스님이 먼저 와 있었다. 서암 스님과 나는 팔공산 동화사에서 함께 수행한 사형 사제 관계로 행자 생활부터 함께한 사이다.
 화암리는 강원도의 내륙이면서 태백산 준령 아래에 위치하여 산세가 좋을 뿐 아니라 특히 물이 좋다. 그곳의 약수터에는 철분이 다량 함유된 데다 탄산 성분까지 있어 바위나 돌 틈이 누런

황갈색으로 물들어 있다. 물맛은 사이다처럼 알싸하면서 톡 쏘는 것이 아주 맛있다.

내가 몸의 회복을 위해 그곳에 갔을 때는 토굴이 어느 정도 외형을 갖추어져 있었다. 그곳에 사는 사람이라고는 내 사형, 서암(西岩) 스님과 공양주 보살 두 분이었다. 그곳에 와서 알게 되었지만, 토굴을 만들 때 그곳에서 공양을 담당하는 보살이 사비 200만 원(지금의 화폐로 5천만 원 정도 추산)을 들여서 지을 수 있었다. 절을 짓는다는 것이 쉽지 않는 곳이었다. 반듯한 터가 아니기 때문이다. 그곳이 암벽과 돌산으로 형성된 곳이기에 터를 닦는 데 많은 수고를 해야 했다. 다행한 것은 그곳이 물 좋고 산세는 좋지만 절이 없어 절이라도 하나 있으면 좋겠다고 생각하는 그런 곳이기에 그곳의 행정 관서가 동면이라 면사무소에서 기꺼이 다이너마이트를 지원해 주어서 법당을 세울 수 있었다.

처음 그곳에 발을 들여놓을 때 가파른 경사진 비탈 위에 단아한 형태로 작은 법당이 있고 사람들이 거처하는 요사(寮舍)라고는 돌과 흙으로 쌓아서 만들어진 집 한 채가 고작이었다. 때는 늦은 가을, 초겨울에 접어들었다. 산골 기후라 꽤 추웠다. 흙과 돌로 이루어진 벽이 아직 채 마르기 전이라 군불을 때면 벽지에 물이 흘러내렸다.

토굴이라지만 불암사(佛巖寺)라는 절 이름도 지었다. 그리고 새 터에서 새로운 시작으로 새로운 만남을 이루었다고 해서 서로의 호칭도 유별나게 부르기로 했다. 나보다 10년 위인 서암 사형 스님은 '상사'가 되고, 나는 '중사', 공양주 보살은 '하사'라 불렀다. 사형이 나를 부를 때면, "어~이 중사!"라고 불렀다. 내가 사형을 부를 땐, "어~ 상사님!"이라 했고, 공양주 보살은 상황에 따라, "어~ 하사!"라고도 하고, "하사님!"이라고도 불렀다.

그해는 매우 추웠다. 영하 20도를 오르내리는 추위에 골짜기에 흐르는 물은 꽁꽁 얼어붙었고, 내가 거처하는 방은 돌과 흙으로 주물러 만든 벽 집이라, 추위에 얼었다 녹았다 하면서 늘 벽에는 물이 흘러내렸다.

그때 나는 내 자신에 대해 많은 생각을 했다. 내 나이 이제 스물셋, 절에 온 지 4년 째 되던 해에 큰 병을 얻어 죽느냐 사느냐 하는 생사의 기로에서 헤매다가, 겨우 회복에 들어선 자신을 볼 때 자신이 부끄러웠다. "출가자가 출가한 사람답게 제대로 수행하지 못함이 이렇게 병들어 괴로운가," 하는 생각에 인생의 무상함이 절실하다는 것을 생각, 생각하게 되었다.

지난 4년의 세월이 원망스럽기도 했다. 그 원망스러운 마음 깊은 곳에는 내 자신을 향해 많은 채찍을 가했다. "밤 열두 시가 되기 전에는 허리를 바닥에 눕히지 않겠다. 또한 두 가닥 나무로 걸쳐져 있는 선반 위의 이불을 내리지 않겠다. 이곳에서 공부하다 이 목숨 다해도 원망하는 마음을 가지지 않겠다." 등의 다짐을 하게 되었다. 이러한 서원을 세우며, 새벽 네 시에 일어나 예불을 하고, 아침 공양 전까지 참선(參禪)을 했다.

그곳은 첩첩산중이라 방을 따뜻하게 하는 것도, 공양을 짓는 것도, 차를 한 잔 마시기 위해서도 모두 나무를 때어야만 했다. 이럴 때 나는 늘 참선을 한다지만 잠시 쉴 때면 산에 올라 나무도 하고, 하사(공양주)가 공양을 준비할 때면 장작을 패는 것으로 공양주 보살을 도왔다.

그러한 일과 속에서 빠뜨릴 수 없는 것이 약수터에서 물을 길러 오는 것이다. 토굴에서 약수터까지는 약 1km 남짓했다. 그해는 무척이나 추웠다. 그래도 약수터의 약수 먹기는 게을리 하지 않았다. 생사의 기로에서 살아났다는 생각에 맑은 정신으로 공부에만 전념할 수 있었으니 얼마나 다행하고 다행한 일인가. 물론 흙과 돌로 주물러 만든 토굴이라 제대로 절로서 자리가 잡히지 않아 그곳에 절이 있는지, 스님들이 수행하며 살고 있는지, 잘 알려지지 않았기에 가끔 바랑을 메고 쌀을 구걸하기도 했었다.

물론 구걸을 한다고 해서 길거리나 가가 방문을 하지는 않았다. 주로 살림이 넉넉해 보이는 사찰에 가서 얻어 왔다. 도움을 받은 사찰 중에는 영월에 있는 보덕사와 고안의 정암사 등의 사찰이 있다. 지금 이 글을 쓰면서 고맙다는 인사를 하고 싶다.

그렇게 생활하던 어느 날, 정선 읍내에 있는 포교당(布敎堂)에서 연락이 왔다. 매주 일요일 중고등 불교 학생회에 와서 법문을 해 달라는 것이다. 절에는 상사가 있지만 내가 가기로 했다. 매주 토요일 오후면 동면에서 버스를 타고 정선읍에 가는 즐거움도 있었다.

다음 날 법회를 하기 위해서는 토요일 저녁에 미리 읍내에 나가서 하루를 유숙해야 일요일 아침에 법회를 할 수 있었다. 우연히도 학생들이 마련해 준 곳이 고등부 여학생의 하숙집이었다. 하숙집이라 늘 방도 있었지만, 방 값을 받지 않았다. 물론 아침 한 끼 공양도 줬다. 내가 수행하는 스님이라지만 세속 나이가 불과 스물셋이라 여고생, 남학생들과의 거리감이 없어서 재미있게 어울렸던 기억이 난다. 특히 지금은 이름 모를 여학생이지만 산골 처녀의 무구(無垢)한 아름다움 그 자체였다. 다만 지금에서야 말하지만, 한 번도 아니고 매번 토요일 날이면 무료로 잠자고, 아침 공양까지 대접을 받으니 참 좋았다. 지금도 정선하면 산골인데, 그 시절 정선을 상상해 보라, 어떠했겠는가? 그래서 하숙집이라 해본들 입 구(口)자 형태의 구조로 된 집이다. 규모가 너무 협소했다. 내가 잠을 자는 방과, 마주 보는 안채는 주인이 거처하는 방이다. 그 사이에 수도가 있는데, 그곳에서 주인 딸(고등부 여학생)이 하필이면 잠이 깊게 들지 않은 시간에 수돗가에서 소변을 보는 일이 있었다. 내가 잠자는 방이 코앞인데 아직 깊은 잠에 들지 않아서인지는 몰라도 소리가 들리는 날이면, 잠을 뒤척이다 밤이 늦어서야 잠에 들었던 기억이 난다.

예나 지금이나 강원도 하면 인심이 아니던가. 하숙집도 그러했지만 더욱 고맙고 놀라운 사람들이 있었다. 내가 있는 토굴 위로 조금 올라가면 화전민(火田民)이 살고 있었다. 화전을 일구어 농사를 지으니 쌀 한 톨 나올 리 없었다. 그러한 환경에 오직 옥수수 농사만 지어서 그것을 팔아 쌀로 바꾸었다. 옥수수와 쌀의 가치는 지금은 웰-빙 어쩌고 해서 큰 차이는 없지만 그 시절은 정말 차이가 많이 났다. 옥수수 한 가마를 주면 쌀 한 말 받을까 말까 하는 시절이었다. 그렇게 피땀 흘려 농사지은 옥수수를 장에까지 들고 가서 쌀 한 말로 바꿔 토굴(불암사)에 가져오는 것을 보고 참으로 감격하고 놀라지 않을 수 없었다.

그러한 혜택과 즐거움을 만끽하던 토굴 생활도 해가 바뀌고 봄이 왔다. 그곳 토굴에 오기 전에 내 모습은 새로운 희망에 차 있는 모습으로 변했다. 이제는 도반도 찾고 그리운 얼굴들도 보고 싶다는 생각을 하면서 토굴(불암사)을 떠나게 되었다.

병상에서 신음하다 완쾌한 내 모습이 그저 좋았다. 상사(서암사형)에게 인사를 했다. 상사는 내게 5백 원을 쥐어 주었다. 그 돈으로는 정상적으로 목적지를 갈 수가 없었다. 생각으로는 버스를 타고 다시 기차를 타야 하지만 그럴 형편이 되지 못하니 자연히 기차를 탈 수 있는 방향을 보니 그곳이 남쪽인지라 남쪽을 가려면 동면 면소재지 반대 방향으로 가야 했다. 그곳이 별어곡역이 있는 방향이다. 나는 어쩔 수 없이 50리 길 산 준령을 바라보며 별어곡을 향해 발길을 옮겼다.

찜질방이 좋아요

수많은 직업 중에 목욕업을 하는 분이 있다. 나는 늘 생각하지만 목욕업을 하는 사람은 돈을 얼마나 버는지는 몰라도 복을 많이 지을 수 있는 직업이라는 생각을 한다. 왜냐하면 목욕이란 사람들의 몸을 깨끗이 해주는 환경을 만들어 주니, 그렇게 생각을 하게 된다. 몸만 깨끗하게 하는 것이 아니라 몸을 깨끗이 하다 보면 마음도 깨끗해질 수 있다.

이렇듯 몸과 마음을 깨끗하게 해줄 뿐 아니라, 오늘날 목욕탕은 심신의 고단함을 풀어 주는 좋은 휴식 공간이다. 나 역시 나이가 들다 보니 이런 곳이 참 좋고 편해서 자주 이용을 하게 된다. 어떻게 생각하면 목욕탕에 가는 것이 무슨 대수인가라고 반문할 수도 있겠지만 목욕탕도 마음이 편하고 시간이 있어야 가능하지 먹고 살기가 힘들어 시간이 없거나 마음이 혼란하여 안정되지 못하면, 느긋함을 요하는 목욕 문화를 한껏 즐기지 못할 것이다.

특히 요즘은 사우나를 넘어서 우리의 온돌 문화에서 나오게 된 '찜질방'이 참 좋다. 그곳에서 가만히 누워 있으면 마음도 편안하고 몸에는 뜨거운 땀방울이 맺히게 되는데 이쯤이면 굳어 있거나 얼어붙은 몸이 풀리게 된다.

목욕 문화가 최상이다, 최고다, 무조건 좋다는 생각을 할 수만은 없을 것이다. 자칫하면 퇴폐해지고 타락할 수 있기 때문이다. 길을 걷다 보면 가끔 눈에 띄는 것이 터키turkish탕이니 증기(蒸氣)탕이니 하는 것이다. 터키탕이라 하면, 중동 지방의 목욕 문화로서 뜨거운 증기에 몸을 쬐었다가 시원하게 냉수욕으로 마무리 하는 목욕법의 하나다. 증기탕은 주로 여성들이 많이 하는 것으로 여겼는데, 언제부터인가 남자들의 휴식처 내지 마사지 서비스를 받는 곳으로 변질되어 버렸다.

이것은 지난 역사에서도 많은 교훈이 있는데, 로마가 망할 때 목욕 문화가 성행했다는 사실은 찬란했던 그들의 유적에서 찾을 수 있다.

실로 목욕 문화가 발달한 만큼 나라가 부유하고 부강할 수도 있고, 또 반대로 나라가 퇴락으로 떨어질 수도 있다. 이것은 기독교 국가로서 부패한 덴마크 사회에 당시 세계는 전쟁 중이고 목사는 목회의 길을 가지 않았고, 그러므로 외롭게 스스로를 지탱해야 하는 사회 구조에서 '신 앞에 단독자'라는 용어가 키에르케고르(Soren Aabye Kierkegaard. 1813~1855, 합리론을 비판한 덴마크의 종교 철학자)에게는 적절했는지도 모른다. 그것은 그 자신이 신학을 공부한 신학자로서, 사상가요, 철학을 바탕으로 한 작가이기 때문에도 더욱 그랬을 것이다.

목욕 문화 하면 일본을 빼놓을 수 없다. 일본은 동쪽으로 태평양을 바라보고 서쪽으로는 우리의 동해 바다가 있다. 그리고 남쪽으로는 태평양의 더운물과 서해의 찬물이 서로 만나고 또 동남 지역에서 오는 따뜻한 기운이 습한 공기를 만들기 때문이다. 이것은 콧구멍이 크게 발달한 영국인은 늘 안개에 젖어 살기 때문인 것처럼 목욕 문화는 지형학적인 것과 생활의 환경이 그렇게 만든다. 그렇지만 아무리 환경이 그렇고 부국하다고 해도 그들이 그것을 좋아하지 않으면 발달할 수 없는 것이다. 가령 땅속에 온천이 있다 해도 그들은 온천을 개발하지 않을 것이다. 반대로 일본이나 한국 같은 나라는 온천이 나지 않아도 온천을 만든다. 한 예로 우리나라에 진짜 온천이 나고 또 그 물로 온천장을 만들어 100% 온천물을 쓰는 곳이 얼마나 되겠는가? 그러나 이웃나라 일본이 그만큼 잘 사는 데는, 그들만의 목욕 문화도 무관하지 않다고 생각한다. 사람이 발가벗은 상태에서는 높낮이가 없어서 마치 '큰 거울 앞에서는 친소(親疎)가 없고, 평등한 성품에는 너와 내가 없는 것(平等性中無彼此 大圓鏡上切親疎)'과 같은 것이다. 그들의 목욕 문화를 보면 막부 시대에서 현재까지 그들은 우리나라 사람들과는 매우 다른 것을 느낄 수 있는데, 그들은 친한 친구가 집에 찾아오면 자기의 부인을 시켜 친구의 목욕을 도와주도록 한다. 우리나라에서는 상상조차 할 수 없는 일이다.

우리나라가 옷깃을 여미는 민족이라면 일본은 옷깃을 푸는 민족이다. 옷깃을 여미는 것을 항상 미덕으로 삼아 왔기에 그것이 한 개인을 넘어 나라의 빗장까지 걸어 잠갔다. 이것이 조선시대 쇄국 정책(鎖國政策)인데 그렇게 해서 얻은 것이 무엇인가? 당시 서양인들이 바라볼 때 미개국(未開國), 미개인(未開人) 그 이상도 이하도 아니다. 그런 것이 외세로부터 침범을 당해야 하는 꼴이 되었다.

이러해서 발가벗고 찜 방에 앉아 있으면 남녀가 가깝고 먼 것이 없다. 어쩌다 몸이라도 부닥치면 피식 웃을 뿐이다.

텅 빈 오피스텔

 오늘은 밤이 깊은 줄 모르고 거리를 헤매다, 자정이 지난 시간에 내가 거처하는 곳으로 돌아왔다. 나는 어쩌다 오피스텔에 거처하는 신세가 됐다. 오피스텔이 좋아서 사는 것은 아니다. 서울 공찰 주지를 그만두고 일산에서 열심히 포교하겠다고 도심 사찰을 하나 만들었는데, 어쩌다 남에게 잠시 맡기다 보니 이런 오피스텔에서 생활을 하게 되었다.
 오피스텔이라는 곳에 이렇게 찾아들 때면 그렇듯이 텅 빈 공간, 전혀 아무렇지 않다고 말하지는 않겠다. 그렇다고 고독이 어쩌고 하는 말도 하지 않겠다. 일찍이 출가를 해서 잠시나마 이런 삶을 사는 것도 나의 업(業)이요, 나의 모습이라 여길 뿐이다. 이것이 내 인생의 여정(旅程)이요, 내 수행의 도정(道程)일 테니까.

만약 내가 술을 좋아했다면 아마도 술고래가 되거나 술주정뱅이, 알코올 중독자가 될 수도 있었을 것이다. 나는 다행인지는 몰라도 술을 먹지 못한다. 이것은 하나의 혈통으로 내려오는 유전이다. 나의 부친이 술을 못하시니 그 혈통을 그대로 받았다. 물론 어떤 사람이 나에게, "스님이 술을 하신대서야 됩니까?" 한다면 뭐라 딱히 할 말은 없다. 그러나 오늘 이 글을 쓰는 순간 스님이니 수행자니 성직자니 하는 계급장 다 떼고 말하고 싶다. 나의 솔직함이 불가 전체를 봐서 옳지는 않겠지만 수행자 이전에 인간이고 그런 인간이고 싶다.

사람들이 흔히 말하길 수행하는 스님들은 온갖 걱정 없이 편하게 사는 것 같다고 말한다. 그러나 수행자도 다 같은 인간이다. 인간이라 함은 번뇌로 뭉쳐져 있는 동물이다(煩惱則菩提). 만약 인간이 번뇌가 없다면 생각이 없다는 것이고, 생각이 없다면 지혜 또한 없는 것이다. 더 나아가면 아무것도 없다. 속된 말로 송장이다.

인간은 번뇌를 일으키고 고뇌하고 슬퍼하고 기뻐하며 그렇게 사는 동물이다. 동물이라 함은 늘 움직임이 생명이다. 고정되어 살 수 없다. 몸도 고정될 수 없고 마음도 고정될 수 없으니 인간은 늘 불안하고 불완전한 궤도를 따라 돌 뿐이다.

우리에게 잘 알려진 명사(名士)들도 가까이 다가서면 피상적으로 보는 모습과는 깜짝 놀랄 정도로 다른 삶을 사는 것을 얼마든지 볼 수 있다. 그것은 그렇게 하고파 하는 것이 아니라 인간에게 주어진 한계성이라 하면 어떨는지? 인간은 늘 한계에 부닥친다. 그렇게 부닥치는 한계 때문에 괴로워하고 슬퍼한다. 우리에게 잘 알려진 일본의 노벨문학상 수상 작가인 가와바타 야스나리(川端康成. 1899~1972, 소설가)도 늦은 나이에 조금만 더 버티면 자연히 갈 것을 그가 갈구한 것이 인생의 아름다운 미학이라면 그의 후계자의 죽음이 그에게는 허무이자 무상이 되었을 것이다. 그런 것이 그를 그렇게 인도하였는지 몰라도 그는 자살하고 말았다. 그의 뒤를 이을 만한 『금각사(金閣寺)』의 저자인 미시마 유키오(Mishima Yukio. 1925~ 1970, 소설가, 행동주의자)도 여러 차례 노벨상 후보로 거론된 바도 있고, 그를 아끼는 일본인들의 마음속에는 장차 가와바타 야스나리의 뒤를 이을 큰 문호로 여겼지만 그는 모든 사람들의 희망을 뒤로한 채 행동주의자로서의 모습을 실현하여 죽고 말았다. 이것은 조금은 다른 측면도 되겠지만 베토벤이 괴로워한 건 청각 때문만은 아닐 것이다. 또한 철학자이자 문인인 까뮈(Albert Camus. 1913~1960, 소설가)가 불안한 인생을 산 것도 그가 아무리 인생의 길을 제시하는 철학을 하고 문학을 할지라도 결국 인생은 불완전한 데서 왔기에 불완전 궤도 위에 살아가는 우리의 한 단면이라 말하고 싶다. 그 외에도 〈악의 꽃

〈Fleurs du Mal, Les〉〉으로 유명한 프랑스 시인 보들레르(Baudelaire Charles-Pierre. 1821~1867)도 서른 가지가 넘는 병 중에 정신 분열증까지 가지고 있어서 때로는 길거리에 쓰러지고 헤매는가 하면, 그런 그가 자기의 글에서 콤마comma 하나도 함부로 수정하지 못하도록 한 그런 고집이 있었다. 인생이란 이러하기에 제아무리 뛰어난 성직자라 해도 완벽한 삶을 살 수는 없는 것이다. 그것은 멀리 보이는 강산이 아름답지만 현실은 다르다. 이것은 아름답다고 여기는 여인들도 마찬가지다. 무엇이 아름다운가? 아름답다고 여기기 때문이다. 그리고 남자의 본능에서 느끼는 감정 때문이지, 그런 것 다 떠나면 아름답고 말고 할 것이 없다. 누구나 젊음의 한때는 꿈이 있어서 아름다울 수 있었고, 늙고 병들면 그대로 슬픈 것이다. 이러한 것은 물질문명 시대에 내세우는 물질과는 관계가 없다. 한 번 물어보라. "늙어서도 슬프지 않겠지요?"라고 말이다.

이렇게 내세우는 것은 좋은 예로 18세 소녀가 몸에 치장을 많이 해서 아름답거나, 탐나는 것이 아닌 것과 같은 것이다. 발가벗은 상태에서는 빈부귀천, 지위 고하가 없는 것과 같은 것이다. 그러므로 인간은 불완전한 데서부터 왔으며, 그러기에 불완전한 삶을 살아가는 것이다.

다 버려야 다 얻을 수 있다

　남방에 도인이라고 불리던 향곡(香谷. 1910~1977) 스님이 부산 북구 구포동 어느 마을의 한 신도 댁을 찾게 되었다. 그 집은 바로 오 처사(處士. 벼슬하지 않은 숨은 선비 또는 불가에서 부르는 남자 신도)라는 분이 살고 있는 집이었다. 마침 그 집안으로 들어섰을 때 집안에서는 공양을 막 하려던 참이었다. 스님이 들어서는 줄도 모르고 세 살배기 어린아이가 가엾게도 고사리 손으로 합장을 하고서 밥상머리에 앉아 있지 않은가. 스님은 그 광경을 그저 지켜보고만 있었다. 그것은 불가에서 스님들이 공양을 할 때 하는 공양 의식(供養作法)이었다. 그 광경을 지켜본 큰스님이 놀라지 않을 수 없었다. 이것은 불가에서 스님들의 일상적 공양 작법(供養作法)을 세속에 있는 신도 집에서 하는 것도 놀랍지만 더욱 놀라운 것은 세 살배기 어린아이가 약간은 졸린 듯하면서도 고

사리 같은 작은 손으로 합장을 한 채 어른들과 함께 식당 작법(呪文)을 하지 않는가. 그때 스님이 그 광경을 보고 집주인인 오 처사를 향해, "그대는 지장의 후예다."라고 했다 그 말은 지장보살이 화현했다는 말과 같다.

  그럼 오 처사는 어떤 분인가. 60년대의 독실한 불자로 부처의 마음과 부처의 행을 몸소 실천한 분으로서 앞서 언급한 대로 공양 시간이 되면 공양을 하는 것도 법도에 따라 한다. 그렇게 하다 보니 늘 밥은 싸늘하게 식게 마련이다. 그럴 쯤 어린 손자의 모습은 보는 사람으로 하여금 측은한 마음까지 들게 한다. 그러한 오 처사의 행은 차츰 소문에 소문으로 널리 알려지게 되었는데, 그는 늘 양복 한 벌에 구두 한 켤레, 검정 고무신을 신고 살아간다. 그에게 걸인이 와서 구걸을 하면 쌀을 한 말씩이나 퍼 준다. 가히 상상하기 어려운 행동이 아닐 수 없다. 그리고 집에서 생활할 때는 늘 불경을 대하길 마다하지 않는다. 그러한 관계로 주요한 불경을 거의 다 외운다고 한다. 그래서 향곡 스님 외의 또 다른 어느 고승도 그에게 '문수의 화현'이라는 말로써 그를 칭송하였다 한다. 그런 그의 행동은 많은 기적적인 일도 낳게 되었는데 그 하나로 당시 장군이었던 그의 친동생 일이다. 장군으로서 형을 보려고 구포로 오게 되면 형의 모습이 너무 안타까워 양복 한 벌 맞추어 주고 신발도 한 켤레 사 주게 되는데, 그럴 때면 그 형인 오 처사는 그것을 남에게 다 보시를 하고 허름한 양복 한 벌만 입고 신발도 검정 고무신을 신고 살아간다. 그러던 어느 날, 장군인 동생이 부산으로 내려와 함께 지프차를 타게 되었는데, 그날따라 비가 많이 와서 구포다리 옆 낙동강 강변은 길이 좋지 않았다. 그렇지만 형과 아우가 함께 지프차를 타고 강변을 가던 중 차가 전복이 되었다. 그런데 여기서 기적 같은 일이 일어났다. 차가 다 부서졌는데도 불구하고 아무도 다치지 않았다. 이것을 주변 사람들이 알고는 기적이라고 말하게 되었다.

그러던 어느 날, 오 처사의 딸이 영도에 사는 어떤 사람에게 시집을 가게 되었는데 그 아버지에 그 딸이니 시집에서는 남달리 지켜보면서 좋은 신붓감을 데려왔다고 좋아서 잔치를 크게 열기도 하였을 뿐 아니라 며느리에 대한 기대도 매우 컸다. 그러던 어느 날 걸인이 구걸을 왔다. 그러자 그 며느리가 쌀을 한 말 퍼 주었다. 그것을 시가(媤家) 사람이 알고서 남편에게 이야기하게 되었고 남편은 부인을 설득했다. 그러다가 다시 또 그런 상황을 맞았다. 걸인에게 쌀 한 말가량을 줬다는 것을 알고는 당장 친정으로 쫓아 버렸다. 며느리는 할 수없이 친정에 돌아와서 지내는데, 일정한 시간이 지나도 친정에서 딸을 보내지도 않을 뿐 아니라 시댁에서도 특별히 데리러 오지도 않았다 그렇게 시간이 두 달가량 흘렀을 무렵 시댁에서 남편이 찾아왔다. 곰곰이 생각하니 통이 좀 클 뿐이지 큰 잘못은 없는 것 같아서 오히려 미안한 마음을 가지고 부인을 데리러 온 것이다. 그때 장인인 오 처사가, "자네 같은 사위에게 딸을 맡길 수 없다."는 말을 하며 사위를 돌려보냈다. 사위가 그 집 오 처사의 내력을 이해하면서 다시 자기의 처를 데리러 왔다. 오 처사도 부인도 보내기를 거절했다. 그러나 또다시 찾아와 잘못을 사정해서 부인을 데리고 갈 수는 있었다.

 오 처사는 사위에게 말을 했다. "다 버릴 줄 알아야 다 얻을 수 있는 것이다. 크게 버리는 마음이 없이 어찌 큰 것을 기대한단 말인가. 작은 욕심이 큰 것을 잃게 된다. 가난한 사람이 오면 그를 불쌍히 여겨 힘껏 보살펴 줘라. 그러면 나도 크게 살 수 있다. 내 것을 아끼고, 내 것을 주기를 싫어하는 사람이 어찌 남으로부터 도움을 받을 수 있느냐. 사람은 홀로 존재할 수 없기에 누군가로부터 도움을 받아야 한다. 그러기 위해서는 먼저 누군가에게 도움을 줘야 한다." 이런 말을 들은 사위는 자기의 작은 그릇이 부인을 친정에 보내게 되었고 그로 인한 마음고생을 시킨 것 등 모두가 미안하고 죄송한 마음을 가지게 되며 오 처사댁을 빠져나오게 된다는 이야기다. 이 이야기는 꼭 그렇다 아니다 말을 단정할 수는 없다. 이것은 1976년도쯤 밀양 무봉암(舞鳳庵)에 있을 때 황벽이라는 스님이 나에게 들려준 이야기다.

물은 고요하고자 하나 바람이……

만약 당신의 주변에서 당신을 향해 비웃거나 조롱하거나 심한 농을 걸어온다면, 당신은 어떻게 대처할 것인가? 그냥 참고 말 것인가? 적극 대응할 것인가?

거꾸로 당신이 당신 주변의 그 누구를 향해서 조롱을 하거나 비웃거나, 거북한 농담으로 상대의 마음을 불편하게 한 일은 없는가? 물론 당신의 의도는 악의가 없다. 단순히 재미로 그렇게 했다고 할 수 있을지는 몰라도, 그것을 받아들이는 쪽에서는 당신의 의도처럼 그렇게 단순히 받아들이지 않을 수 있다. 상황에 따라서 그는 큰 충격으로 받아들일 수 있다는 것이다.

그 누군가가 내 마음에 상처를 줬다면, 그것은 상처를 준 사람이 생각하는 그 이상의 상처로 나에게 다가올 수 있다. 하지만 내가 상대에게 행한 어떤 행위는 그저 무심으로 한 행위 정도로 여기지는 않았는지 생각해 볼 일이다.

나도 어려서 우울증을 겪은 일이 있다. 우울한 사람에게 우울한 과제를 준다면 그는 더욱 우울할 뿐이고, 공황증(恐惶症)에 두려워하는 사람에게 의사도 아닌 사람이, 두려워하는 모습을 재밌어 하며 놀린다면 그는 더욱 무섭고 두려울 뿐이다.

세상에 존재하는 모든 양상은 다 제각기 그만한 존재할 가치와 의무가 있다고 할 수 있다. 그런데도 불구하고 인간은 인간이라는 영특한 자만(自慢)이 내재되어 있어서, 어떤 행위를 함에 있어 그저 '재미로, 무심으로' 넘기려 든다.

여기 한 예로, 연못은 개구리들의 삶터다. 그 터전에 그들은 그렇게 뛰어노는 듯하며 살아간다. 그것을 바라보는 인간들의 모습에서는 단순히 재밌어 할 뿐이다. 그 재밌어 하는 모습을 그냥 바라보면 좋으련만, 돌멩이를 하나 집어서 그들을 맞추려 든다면 어떻겠는가? 그들은 큰 동물이 눈앞에 보이는 그 자체로 두렵고 몸서리칠 수도 있다. 그럼에도 돌멩이를 마구 던지며 재밌어 하는 것이 인간이다.

그들을 바라보는 인간들은 그들이 하찮은 미물(微物) 정도로 여길지는 몰라도, 그들도 하나의 생명체요, 엄연히 세상에 나와

살 수 있는 의무와 존재 가치를 부여받은, 존귀한 생명체다. 그것이 바로 '물은 고요하고자 하나, 바람이 불어와 고요하고자 하는 물에 파도가 이는 것'과 같은 것이다.

오늘날 우리 사회가 문화적으로나 과학적으로 급격하게 발달했다. 그렇게 발달하는 과정을 들여다보면, 좋게 보자면 개성이 잘 발달된 사회다. 문제는 개개인의 개성이 발달하는 과정에서 자기중심주의가 뒤를 따르게 되었다. 그것이 마치 웃자란 식물과 같아서, 웃자란 식물이 키가 커서 보기는 좋을지 몰라도 내실은 빈약할 수밖에 없다.

그 빈약한 내실이 인성(人性)의 상실(喪失)을 낳고, 그렇게 형성된 사회가 서로 네 탓, 내 탓 하면서 범죄가 또 다른 범죄를 만드는 것이 다람쥐 쳇바퀴 도는 것 같은지도 모른다.

인생이란 잠시 쉬어 가는 것

세월이 덧없는 것처럼 인생도 그렇다. 쉼 없이 앞으로 가는 줄만 알지만, 끝내는 오직 평등한 한 길이 기다릴 뿐이다. 이런 글을 쓰는 나 자신도 허허롭고 쓸쓸할 뿐이다. 어차피 인생은 흘러간다지만, 그래도 멈추고 싶은 마음에 발버둥치는 것이 안타까워해야 하는지도 모른다.

흘러가는 세월이 서러워 발버둥치는 사람은 인생을 좀 더 적극적으로 사는 부류에 속하는 반면, 흐르는 물결처럼 그렇게 받아들이고 사는 인생은, 초연한 인생으로 사는 삶이고, 달리 보면 인생을 달관한 삶이라고 볼 수도 있다.

그러나 이렇게 살든 저렇게 살든 되돌아보면 허망만 더해서 입가에 쓴 웃음을 짓기도 한다. 가령 그렇게 적극적인 삶을 살았던 사람도 자신의 힘이 쇠락해서 자리에 누웠는데, "어떤 것이 인생입니까?" 또는, "어떻게 살아야 합니까?" 하고 물어 온다면 무슨 답을 할 수 있을까를 생각한다. 일찍이 한국 불교의 한 획을 그은 경봉(鏡峰) 스님도 수덕(壽德)이 있어 아흔을 넘겨 사셨다. 그런 분이 생전에, "인생은 연극이다."라는 말을 자주 하셨는데, 그분이 연극 같은 인생을 말하는 배경에는 보다 적극적인 삶을 강조하는 메시지가 들어 있다.

그의 말을 빌리면 인생이란 연극인데 무대에 선 우리 인생, 한바탕 큰 연극을 하고 가야 하지 않겠는가? 하는 메시지가 담겨 있다고 본다. 이에 덧붙여 생각하면 무대 위에서 시간이나 때우면서 그냥 하루를 보내면 된다는 그런 배우가 아니라, 인생이 연극이고, 연극이 곧 인생일진대, 기왕이면 주연 배우가 되라는 것이다. 알다시피 연극이 아니라도 어느 부류든 주연은 소수에 불과하고 나머지 다수는 조연이고, 나머지는 일회용 엑스트라에 지나지 않는다.

주연이든 조연이든 엑스트라든 다 함께 흘러간다. 누가 흐르는 물줄기를 멈출 수 있겠는가? 교회에 가면, "예수 믿으면 천당 가고, 예수 안 믿으면 지옥 간다." 하니 예수 믿지 않으면 지옥에 떨어진다는 으름장이다. 그런데 사찰에 가면, "선근(善根)을 심어라." 그러므로 왕생극락을 말한다. 나는 늘 꺼림칙한 것이 교회에서 말하는 '죽어서 천당'이라는 말인데, 기왕이면 살아서 천당 구경이라도 한 번 하면 더 좋을 것인데 왜 죽어야만 천당 가는지. 이에 불교에서는 열반(涅槃. nirvana)을 말한다. 교회보다는 좀 나은 말을 한다. 열반이란, 연소되었다는 뜻으로, 죽어서 얻는 것이 아니라 살아서 열반을 얻는 것이다. 하지만 부처님을 믿어, 살아서 진정, "이것이 열반이다."라고 여김은 아직 보지 못했다. 이것은 불교를 부정하는 것이 아니라 이를테면 스님들이 참선을 하고 나아가 남에게 권유하는데, 과연 무엇을 얻을 수 있는지, 또한 살아 열반을 얻었는지? 나의 생각은 우리가 살아가는 삶의 순간순간이, "열반이요, 지옥이다."라고 말하고 싶다.

상류층 사람들도 늘 행복하고 기쁘지만은 않다. 하층 부류도 늘 불행하지는 않다는 것이다. 그래서 행복도 불행도 순간이다. 그러해서 조선시대 서산(西山) 대사는 찾아온 손님에게 간밤의 꿈을 말하였다.

"주인이 손님에게 꿈을 말한다. 손님도 꿈을 말한다. 지금 두 사람이 꿈을 말하고 있으니, 이들은 다 꿈속의 사람이다(主人夢說客 客夢說主人 今說二夢客 亦是夢中人)."

이처럼 두 사람이 꿈을 말하니 이는 모두 꿈속의 사람이라고 하였듯, 우리가 사는 것이 되돌아보면 잠시 꿈인 것을, 꿈인 줄도 모르고 영원한 실체인 양 집착하고 빠져서 악한 생각, 원망하는 마음으로 시기하고 질투하고 헐떡거리고, 거짓으로 꾸미고 속이고 하니 허망하고 허망할 뿐이다.

천하절색도 고통이 있고, 그 고통 속에 빠져 목숨을 끊는 것을 많이 보지 않았나? 그리하여 그 어떤 사람도 숨 떨어지면 그것으로 끝인데, 숨이란 들쑥날쑥해서 한 순간이라도 쉼이 없다. 그런 숨이 잠시라도 멈춘다면 그날이 제삿날이다.

바라건대, 욕심 내지 마라. 천하의 영웅도 동서남북 흙더미 속에서 썩어 갔을 뿐이다. 여기에 이름 남기는 것을 말하지만, 이름을 남기는 것도 부질없는 것이다.

인류 역사상 내가 과거에 누구라고 하면서 다시 환생했노라 한 경우는 아직 들은 바 없고, 죽어 보니 천당이 어떻고 지옥이 어떻더라 하는 말 역시 들어 본 일 없어, 차라리 어떤 고승의 말처럼, "인생은 잠시 쉬어 가는 것이다."라는 정도로 받아들이면 족하지 않을까 생각을 해본다.

누가 인생을 물었다

누가, "인생이 무엇입니까?" 하고 물어 온다면 어떤 대답을 할까?

우리가 서울을 가려고 하면 기차를 탈까, 버스를 탈까, 비행기를 탈까 망설여지는 것과 같다. 누가 인생을 모르리오만 선뜻 대답하기가 좀 그렇다. 우리 불교에서는 인생을 '안수 정등(岸樹井藤)'에 비유한다. 안수 정등은 '언덕에 나무요, 우물에 덩굴'이라는 말로서 불가에서 인생을 비유할 때 많이 쓰는 말이다. 이는 『열반경』 수명품의, "몸이 쉽게 부서지는 것이 마치 강가에 언덕 같고, 험준한 비탈에 선 나무와 같다(是身易壞猶如河岸 臨峻大樹)."는 뜻으로 우리에 인생이 마치 그와 같다는 것이다.

옛날 어떤 죄인이 왕에게 죄를 범하고 두려워서 도망을 가는

데 왕이 사나운 코끼리로 하여금 그를 쫓게 하였다. 그는 두려워서 도망하던 중에 우물을 발견하고 그 속으로 들어간다. 마침 우물 중턱에서는 덩굴이 보였고 쫓기는 나그네는 그걸 붙들었다. 그런데 밑에는 사나운 용이 독을 뿜고 있지 않는가. 또 곁에는 다섯 마리의 독사가 금방이라도 덤벼들 것같이 보이고, 머리 위를 바라보니 검고 흰 쥐 두 마리가 덩굴을 씹는지라 언제 끊어질지 모르는 두려움에 떨고 있는데, 큰 코끼리가 그 위에서 그를 잡으려 하니 그는 몹시 위태롭고 두려웠다. 그런데 머리 위에 나무 한 그루가 보였다. 나무에서는 달콤한 꿀방울이 입속으로 떨어졌다. 떨어지는 꿀방울에 취해 나그네는 잠시나마 두려움에서 벗어날 수 있었다.

여기에서 우물은 생사(生死)를 뜻하고, 코끼리는 무상(無常)을 뜻하며, 독용은 악도(惡途)를 뜻하고, 다섯 마리의 독사는 오음(五陰. 色, 受, 想, 行, 識)을 뜻하며, 덩굴은 명근(命根)을 뜻한다. 검은 쥐와 흰 쥐는 낮과 밤을 뜻하며, 다섯 방울의 꿀은 오욕락(五慾樂. 재물, 색, 식욕, 명예, 수면)을 뜻함이니, 즉 달콤한 꿀맛에 빠져 생사를 두려워하지 않는다는 비유이다(유마경 방편품). 이 비유는 스님들이 법문을 하면서 많이 인용을 하는데, 지금으로부터 약 15년 전 정도로 기억한다. 불교신문에서 '안수 정등'에 관한 기사를 읽었다. 불교신문의 한 편집 책임자가 고승들을 직접 찾아가서

'안수 정등'에 대한 질문을 던졌다. 워낙 오래된 내용이라 자세한 기억은 나지 않지만, 그래도 당시에 워낙 인상 깊게 받아들였던 내용이라 여기 옮겨 볼까 한다. 기자는 먼저 통도사 극락암 조실(祖室) 경봉(鏡峰) 스님을 찾았다. 스님께 질문을 드렸다. 그러자 경봉 스님은 깊게 받아들이지 않은 것 같았다.

"불교신문 기자라 했나. 여기 극락에 온다고 힘들었제? 극락은 쉽고도 힘이 들어. 그러니 사바세계에 있을 때, 이것을 무대로 삼아 멋진 연극 한 번 해야 돼!"

기자는 이런 법문을 듣고 곧장 바닷가에 있는 월내 묘관음사를 찾았다. 그곳에는 남방 도인이라는 향곡(香谷) 스님이 계셨다. 스님은 운봉(雲峰)으로부터 법을 이은 호걸의 선승이다. 기자가 질문을 드렸다. 스님은 육중한 몸에 걸맞지 않게, "아이고! 아이고!"만 하는 것이 아닌가. 기자는 천하의 향곡도 이제 늙으니 별수가 없구나 하는 정도의 짐작만 하였다. 그러나 선가에서는 격외(格外)의 도리를 여러 방편으로 쓰니 그것을 말에 따라 함부로 판단할 수 없는 것이다.

아마 그때 기자는 중국의 선승인 덕산(德山) 스님의 임종에서 보인 모습과 비슷하게 받아들일 수 있지 않았을까 하는 생각을 해본다. 임제(臨濟) 스님이 '할!(喝)'이라면, 덕산은 '방망이'로 유명하다. '일러도 삼십 방망이요, 이르지 않아도 삼십 방망이'라는 말은 후세 선가에 유행어가 되었다. 그런 선사가 임종에 이르러

병석에 누워 있는데 어떤 사람이 와서 물었다. "영원히 병들지 않는 사람도 있습니까?" 이 말에 덕산은 "끙끙" 하는 신음 소리를 내었다.

다시 기자는 불국사에서 주석하는 월산(月山) 스님을 찾았다. 똑같은 질문을 드리자 월산 스님은, "나는 지금 불국사에서 잘 있네(我現在佛國寺安住)." 하셨다. 기자가 순간, 한때는 마적단으로, 한때는 선승으로 전국 제방에서 이름을 떨치다가 지금은 불국사에서 조실(祖室) 대접받으며 잘 지내는데, 뭐 시시콜콜하게 그런 말을 하느냐? 하는 느낌을 받았을 것이다. 다시 기자는 발걸음을 돌려, 덕숭산 수덕사를 찾았다. 그곳에는 옛날 선승들의 호흡이 느껴지는 그런 도량이라 할 수 있다. 경허(鏡虛)와 만공(滿空)으로 내려오는 시퍼런 칼을 혜암(慧岩)이라는 선승이 가지고 있었다. 같은 질문을 드렸다. 그러자 당시 연세가 아흔 정도 된 분이라 누운 자리에서 일어나, "수미산도 놓아 버리게(須彌山放下着)."라고 말씀하시지 않는가. 수미산이라면 불교에서 보는 우주에서 가장 높은 산으로, 즉 우주를 의미할 수 있다. 그러니 인생이고 뭐고 잡다한 것, 다 놓아 집착하지 말라는 말이다. 이때 기자가 느꼈던 심정은, 100세를 바라보는 한 노 선승의 입장에서 보면 인간들은 너무 집착을 많이 한다는 것이고, 그 집착이 있는 한 안수 정등으로부터 자유로울 수 없다는 것을 말하는 것으로 보지 않나 하는 생각을 할 수 있다. 다시 기자는 발걸음을 북쪽으로 돌렸다. 도봉산 망월사에 춘성(春城)이라는 만만찮은 고승이 계셨다. 당시 연세가 여든 정도로서, 스님은 평소 거침없는 말씀으로 승속(僧俗)을 막론하고 소문이 자자하던 터이다. 그러나 당시 기자가 보았을 때에는 과거의 그 기상은 보이지 않고 그저 세월의 무게에 눌려 힘들어 하는 한 촌로와 같음을 느꼈다. 스님께 다가가, "스님 지금 어떠하십니까?" 하니 스님은 아무 말이 없었다. 기자가 잘 알아듣지 못했나 싶어 다시 무어라 할까 하는데, 스님께서 손을 들더니 '쓴 미소'로써 기자의 뜻에 답을 보이는 것이 아닌가. 그런 답을 가지고 돌아서는 기자의 발걸음은 쓴 미소로 가득했다. 곧장 내친 김에 월정사에서 머문다는 탄허(吞虛), 당시 최고의 학승이자 선승의 소리를 듣는 분에게 기자는 가서 질문을 했다. 탄허 스님께서는, "물 흐르는 소리가 밤에도 쉼이 없네(流水聲聲夜不休)."라는 즉설(卽說)로 인생이란 고해(苦海)의 바다인데, 그 고해를 건너려는 인간의 고통 소리가 끊임이 없다는 것을 물 흐르는 소리에 비유하셨다.

아름다움이 무엇이기에

 거리에 나가면 거리는 거리대로 온갖 것으로 치장을 했는가 하면, 사람들의 모습에서도 온갖 것으로 치장한 것을 알 수 있다. 치장을 하다 못해 부모로부터 물려받은 소중한 몸까지도 메스mes를 통해 이리저리 뜯어고치는 것이다. 만약 이런 일이 유교를 숭상하고 조상의 뜻을 중히 여겼던 그 시절 같으면 어떠했을까? 말할 것이 없겠지, 그 시절에는 조상과 부모로부터 물려받은 머리카락 한 가닥도 소중히 여겼던 시절이 아니던가?
 요즘에는 TV가 고화질이라, 화면에 나오는 사람들의 점 하나도 숨길 수 없다. 그럼에도 아이러니irony하게도 단순히 좀 더 아름답게 보이고자 여기저기 모자이크한 얼굴을 볼 수 있다. 특히 화면에 나오는 여자들이 어쩌면 저렇게 잘 생겼을까 하는 생각의 이면에는, "어쩌면 저렇게도 같은 얼굴일까?" 하는 생각을 해

본 사람들도 많을 줄 안다. 나 역시 화면을 보면서 눈에 딱 들어오는 것이 미인이라는 시샘과 부러움을 받는 여인들이 한결같이 잇몸이 검게 보인다는 것이다. 잇몸이 검게 보이는 것은 여러 이유가 있을 수도 있겠지만, 내가 아는 상식으로는 단순히 아름답게 보이기 위해 멀쩡한 이를 뽑고 임플란트를 했을 때 검게 드러나는 현상이라 여긴다.

아름답다는 것은 무엇인가? 아름답다는 것은 아름다운 것이지 무엇이라고 딱히 정할 수 없다. 사람을 보고 아름답다고 한다. 특히 여자를 보고 아름답다고 한다. 과연 여자가 아름다운가. 아름답다고 할 수도 있겠지만 아름답다고 보지 않을 수도 있다. 아름답다고 여기는 것은, 일반적인 보편의 시작에서 보는 것은 될 수 있으나, 그것이 본질이거나 절대치는 될 수 없는 것이다. 그것의 대상을 보는 데 있어서는 그것을 보는 환경이나 각도에 따라 엄청 차이가 난다.

가령 깊은 무상(無常)도를 성취한 도인(道人)이 바라볼 때는, 일반적으로 아름답다고 여기는 한 아름다운 여인을 측은한 마음으로 볼 수 있다는 것이다. 그것은 일반적 시각과 다르기 때문이다. 그것은 일반적 시각에서는 드러나는 아름다움만 본다면 무상의 도를 성취한 도인은 측은하게 보게 되는데, 그것은 그 아름다운 뒷면을 보기 때문인 것이다. 외형은 아름답지만 그 여인의 일생은 아름다울 수 없음을 본다는 것이다. 이는 무상 도인뿐 아니라 백골관(白骨觀. 백골(想)을 깨닫고 오온(五蘊)이 몸에 화합되어 집착한 생각을 없애기 위해 송장의 피부와 근육이 모두 없어져 백골만 붙어 있거나 흩어져 산만한 모습만 관하는 것)을 하는 수행자에게도 마찬가지다. 그 아름답다는 것의 내면이 아름답지 못하고 그 몸속은 더럽기 그지없을 뿐 아니라 내면은 점점 썩고 부패하고 있고 겉가죽은 가죽대로 점점 노화되어 얼마 지나지 않아 늘어지고 홈이 파이는 몰골로 되어 가는 것을 끔찍스럽게 본다는 것이다. 그러하기에 아름다움을 아름답다고만 볼 수 없다는 것이다.

그렇다면 아름다움은 여인에게만 국한되느냐고 반문할 수도 있는데, 이것은 여인에게만 국한되는 것은 아니다. 모든 존재하는 양상은 다 해당된다 할 수 있다. 가령 신선하게 보는 나무도 좀 떨어진 상태에서는 신선하게 보일지 몰라도 가까이 가서 자세히 들여다보면 그렇지 않다는 것을 얼마든지 알 수 있다. 그것은 나무껍질의 노화로 해서 그 겉이 트다 못해 썩고 있으며, 썩다 못해 악취가 난다는 것이다. 그러나 그것을 보고 아름답다고 느끼는 사람들은 많이 있다.

진실로 아름답다는 아름다움은, 아름다움을 가진 사람의 몫이라고 할 수 있다. 무엇이 아름다운 사람이냐고 한다면, 사람들이 쉽게 말하는 아름다움에도 넘어가지 않고, 사람들이 말하는 더럽고 추한 것에도 넘어가지 않는 사람이다. 그는 언제나 그 모습에서 행복을 느낄 수 있으며, 그의 말 한마디가 향기를 토해 내는 것과 같은 그런 사람이라면, 그는 아름다운 사람이라고 할 수 있지 않을까?

  물론 이것이다, 라고 정의하고 싶진 않다. 세상이 영구(永久)할 수 없어, 한낱 무상한 물질세계의 잠시 머물다가 가는 것쯤인데, 사람은 더 말할 것이 있겠는가. 시간적으로 변리 변천(變異變遷)해서 우리가 늘 소중히 여기는 몸뚱이도 지수화풍(地水火風)에 의한 오온(五蘊. 色, 受, 想, 行, 識)의 가성(假成)에 불과한데, 무엇이 아름답다고 정의하겠는가.

  앞서 여인을 아름답다고 하지만 여인이란 소리를 들으려면 적어도 20년 정도의 세월이 필요한데, 그 과정을 보면 세상에 처음 나왔을 때는 여식(女息)인이라 해서 제대로 사람으로서 대접도 받지 못하고 성장하면서 똥오줌을 가리는 시간으로 10년 정도 세월을 보내게 된다. 이 또한 여인이라 할 정도는 못된다. 그리고 나머지 10년 가까이 여인이 되기 위한 소양 과정을 거쳐 비로소 여인 소리를 듣게 되는데, 그 교양 과정이라는 것이 매우 중요해서 여성이라는 것이 무엇인지, 여성의 아름다움은 무엇인지, 어떻게 아름다운 여성의 소리를 들을 수 있는지, 어떻게 아름다움을 꽃향기처럼 내뿜을 수 있는지 등 그런 과정을 잘 소화해내어야 비로소 여인이 된다. 그렇게 어렵게 여인이 되어도 불과 몇 년이 지나면 이미 아름다움에 구김이 간다. 구김이 간다는 것은 노화를 말하는 것으로 20년 가까이 여인이 되기 위해 애쓴 과정을 실행하게 되는데, 그것이 화장을 하게 하는 것이다.

　이토록 아름다움을 만들고 아름다움을 가꾸고 하는 것도 더 큰 시간과 공간으로 본다면 너무도 짧다. 그리하여 천하의 미인 소리를 듣던 여인들의 삶은 시간이 흐르면 흐를수록 더욱 애잔하게 된다. 그것은 아름답다는 것 때문이다. 이것은 마치 아름답고 황홀한 그런 집을 지어 살다가 세월로 인하여 부서지고 퇴락한 모습을 지켜보는 것과 같다.

　아름다움이 있다면 반면에 추하다는 것, 더럽다는 것 역시 시각의 인식에 따라 다르다. 자기의 뱃속에 똥을 가득히 넣고 있으면서 남의 똥은 만지지도 묻히지도 않으며, 보는 것만으로도 질색을 한다. 그것은 왜 그러냐? 인식 때문이다. 똥은 멀리서 쳐다봐도 똥이다. 똥이라는 것은 추하다는 것으로 멀고 가까움이 없다. 멀리서 봐도 똥이라는 것을 알면 더럽다는 생각을 일으키고 냄새까지 나는 느낌을 가진다. 이것은 인식하기 때문이다.

　그러나 매일 똥을 다루는 농부는 다르다 똥을 밭에 뿌려 그 열매의 결실을 인식하기 때문에 똥은 하나의 좋은 거름으로 생각할 뿐이지, 똥을 구린내 나는 더러운 것으로만 받아들이지 않는다. 이것 또한 인식하기 때문이다. 물론 여기 내세우는 추도 똥보다는 사람에 포커스focus를 맞추지 않을 수 없는데, 사람은 크게 보면 눈은 눈대로 또렷하고 코는 막힘이 없이 잘 소통되니 좋고 귀는 뒤편에서 바람의 작용까지 막으며 잘 들어 나무랄 데가 없다. 입은 입대로 잘 먹고 잘 씹는다. 이런데도 불구하고 아름다운 사람과 그렇지 못한 사람으로 구분된다. '아름다운 사람' 소리를 듣는 사람은 다행이지만, 반대로 추하게 받아들이는 사람은 괴로운 것이다. 추하다는 것도 불교적으로 본다면 추하지 않다. 이도 '본시 추하고 추하지 않고가 없다'고 보는 것이다. 아름답다고 보는 것도 추하다고 느끼는 것도 인식일 따름이다. 그것은 지극히 드러나는 형태를 판단한 것이지 그 이상은 아닌 것이다.

그러나 '미와 추'가 사람에 포커스를 맞추지 않을 수 없다고 언급하였듯, 미든 추든 그 어떤 판단도 인간의 가성(假成), 즉 거짓으로 이루어진 하나의 실체가 보는 대로 인식한 것뿐이다. 진정 아름다움이란 표출된 것에 있지 않다. 드러나지 않는 내면의 아름다움이 고고한 산중 어느 바위틈에 숨듯 피어나는 석란(石蘭)과도 같은 것이다. 이러하기에 인식의 전환도 필요하겠지만, 스스로가 아름다운 내면의 세계가 마치 난향이 되고 학이 되고 풋풋한 야생화가 되는, 그런 아름다움을 만들어 간다면 그것은 돌 틈 후미진 곳에서 몸을 숨긴 난초와 같은 것이다. 난초란 스스로를 드러내지 않았지만 그 향기를 맡고서 모두가 고고하다 이름을 붙이고 아름답다 이름을 붙이고 하지 않던가. 이러하기에 미다 추다 하는 선입견을 모두 다 버리고 진정 인간의 아름다움과 인간의 행복이 무엇인가 하는 것에 마음을 써야 하지 않을까 생각한다.

행복은 없다

길을 걷는다. 세상을 본다. 같은 그림을 봐도 아름답게 보는 사람이 있는 반면 슬프게 보는 사람도 있다. 이런 관점으로 인간은 서로가 다투기도 한다. 알고 보면 별 소득이 없는 다툼에 지나지 않는다. 별 소득이 없다고 말하는 것은 사람은 생물적 유기체(有機體, organism)이기 때문이다. 생물적인 것은 몸을 움직이는 것도 되겠지만, 우주의 존재 가치로 볼 때, 그 어떤 동물보다도 머리를 많이 움직이는 동물이라는 뜻이다. 머리를 많이 쓰는 동물이 같은 그림을 두고서도 길을 걸으면서 생각할 때와, 길을 걷지 않고 고정되게 바라볼 때의 생각은 다른 것이 당연하지 않을까? 좀 더 생각하면 슬플 때 보는 관점과 기쁠 때에 보는 관점이 다른 것 아닌가?

그래서 '행복의 기준은 정할 수 없다'고 할 수 있다. 그러하기에 남이라는 존재가 내가 아니다, 라는 이유로 함부로 재단하려 들면, 그는 아직 세상의 깊이를 모르는 사람에 지나지 않는다.

예전에 모 기업 총수가, "세상은 넓고 할 일은 많다."라고 했다. 이것 또한 그의 관점에 지나지 않는다. 만약 수행하는 도인에게 가서, "무엇이 행복합니까? 또한 세상은 넓고 할 일이 많아서……" 어떻고 한다면 그 도인은 어떻게 대답할까? 다만 그 도인은 세상사를 초연히 사는 분이라, 많은 말을 하기 싫어한다. 그렇다고 세상을 살면서 말을 안 하고 살 수도 없고 해서 아주 간단히 대답을 한다. 가령 '좋다'는 뜻으로 '중(中)'이라 대답하고, '아니다'라고 말할 때면 '부(不)', 이렇게 대답하는 분이다. 그런 분이 같은 질문에 대답을 해도 어느 때는 '부'가 되고, 어느 때는 '중'이 된다. 그것은 질문하는 사람에 따라 품격따라 근기에 맞추어 대답하기 때문이다.

오늘날 사회를 첨단 사회, 인간 중심 사회, 핵가족 사회, 물량주의 사회, 남녀 평등 사회, 여권 신장 사회, 황금만능주의, 나아가 빈익빈을 논하다 양극화가 어쩌고 하지만, 이는 '배곯다 도토리 씹는 소리'일 뿐이다. 왜냐하면 세상에 처음 나와 세상을 바라볼 때, 세상은 아름다웠다. 푸른 곳은 푸른 대로 아름다웠고, 붉은 곳은 붉은 대로 아름다웠다. 하지만 지금은 다르다. 붉은 것을 붉게 보지 못하고 푸른 것을 푸르게 보지 못한다. 왜냐, 인간들이 얼마나 영특한지 푸르게 다가와야 할 앞의 대상이 붉다 못해 시뻘건가 하면, 그것도 아니고 이것도 저것도 아닌 색을 조작해서 내 눈을 비롯한 모든 인간들의 눈을 가리고 현란하게 하는 것이 바로 인간들이 만들어 낸 색소 때문이다. 예전 같으면 기름 한 방울 오염되지 않은, 노란 황톳길을 보고 걷고 할 것을, 지금은 기름때에 젖어 시커멓게 된 땅을 밟아야 한다.

아무리 오늘날 사회가 배불리 먹고, 다양한 볼거리가 있고, 다양한 문화를 즐기며 산다 해도 인간의 생태적 구조에는 늘 한계가 있기 마련이다. 그렇기 때문에 복잡 다변한 사회 구조를 가지면 가질수록 인간은 퇴보한다. 이런 말이 '말도 안 되는 소리'라 할지는 몰라도 여기서 말하는 퇴보란 인간의 몸을 생태학적으로 볼 때 도움이 되지 못한다는 뜻이다. 그것을 이해하자면 약이란, 병이 있기 때문에 존재한다. 따라서 병이 없다면 약이 없다. 오늘날 약국에서 파는 약이 얼마나 많은가? 이것은 인간들의 병이 그만큼 많다는 뜻이다.

인간은 육체도 중요히 여기지만 정신도 중요하게 강조된다. 건강한 육체 건강한 정신, 이런 것이 현재의 사회에서는 안이 떫고 쓴 도토리 씹는 소리라 말했듯이 오늘 우리의 사회는 사후 약방문 격이다. 앞서 언급한 대로 병이 없으면 약이 필요치 않은

데, 오늘날은 너무도 병이 많다. 이런 것이 인간이 만든 작품인 것이다. 마치 우리가 항생제를 만들어 사용함으로 해서 그것이 병의 단위를 점점 높게 만든 것과 같은 것이다.

인간은 남녀를 떠나, 초등학생부터 80세 노인까지 스트레스 안 받고, 스트레스 이야기 안 하는 사람은 없다. 왜 스트레스를 받아야 하나. 가령 휴식을 취하느라 TV를 본다고 하자. 순간은 재미가 있겠지만 늘 봄으로 해서 문제가 발생하는 것이다. 그 문제는 미디어의 본산이라 할 수 있는 방송국에서 시청자를 끌어들이기 위해 만든 작품을 유심히 보면, 이것 또한 쓰고 떫은 도토리를 씹는 것과 다름이 없다. 그렇다면 TV를 보지 않으면 될 것 아니냐, 반문하지만 그것도 말이 안 된다. TV를 보는 것은 이미 오래전 일상화가 되어 버렸기 때문이다. 그것은 매일 의복을 입거나 밥을 먹어야 하는 것과 별반 다를 것이 없다. 문제는 각본이 너무 완벽하다는 것이다. 얼마나 완벽한지 좀 거창하게 말을 하자면 우주에서의 지구란, 야구장의 모래알에 지나지 않는데 반해, 방송국에서 만들어 내는 온갖 각본은, 야구장만 한 우주 속에 모래알만 한 지구도 쉽게 찾아내고 말 것이다.

그러하듯, 그들이 만든 작품을 초등생부터 여든 노인까지 밥 먹듯 일상으로 보는 것을 현실이 아닌 것처럼 여긴다면 그것은 무리가 있다. 다만 뻔히 알면서도 그렇게 받아들여야 하는 현실이 너무도 안타까운지 모른다. 이러한 현실 속에 비현실 문화를 현실과 접하는 인간들이 충돌이 아니 생긴다면 그것이 이상할 따름이다. 이러한 것들이 바로 스트레스가 되는 것이다. 이것은 인간이 만든 컴퓨터가 하드웨어 단위를 높게 설정함으로 해서 스스로가 그것으로부터 헤어나기 힘든 것과 같은 것이다. 그러기에 나는 '행복'에 대해 어떤 기준이나 정의를 내리기 어렵다고 본다. 해서, "행복은 없다."라고 말한다.

그리움

그곳 N사에 처음 발을 들여놓을 때, 붉은 단풍이 황홀하게 나를 맞아 주었지요. 그렇게 불타는 듯한 황홀감도 잠시였고, 곧 온 천지가 하얀 눈으로 치장을 하였답니다. 하얀 눈은 맑고 깨끗하기도 하지만 왠지 모르게 미완성 세레나데serenade처럼 나에게는 차갑게 다가왔답니다. 나는 눈 위에 서성이다 쓰러졌지요. 그렇게 차갑게 다가온 하얀 눈이 솜털처럼 포근하게 느끼게 해준 그대의 손길이 오늘은 그립습니다.

우리가 처음 만난 그 시절이 언제였던가요. 그대의 말처럼 수십 년이 지난 오늘 생각이 나는 것은 왜일까요. 투르게네프의 『사랑의 개가』에 나오는 무츠이 같은 마음인지도 모릅니다. 영어(圇圖)아닌 영어처럼, 한 수행자 길은 험하고도 먼 길이지요.

그대가 나에게 보내 준 그 많던 편지는 지금은 보이지 않네요.

어쩌면 우리의 뇌 속에 장식(藏識)처럼 허공 속에 잘 보관되었는지도 모릅니다. 그러니 무엇을 아쉬워 할 것이며, 무엇이 가고 보내고 한답니까? 그렇지만 물은 파장을 통해서 물을 짐작하듯이 보이는 것은 보이는 그것 아니겠어요. 마치 푸른 것은 푸른 대로, 붉은 것은 붉은 대로 그대로일 뿐이지요.

그대여, 그때는 왜 그대의 손길이 닿지 않는 먼 곳으로 가 버렸는지 지금은 이해하지 못함은 아니지만, 그것이 내가 살아가는 길이고 그대의 행복을 바라는 선택이었지요. 만해(卍海)는 그의 '시'에서 사랑의 사슬을 끊으라는 선사를 원망하지요. 사랑의 사슬을 끊으면 얼마나 더한 아픔이 따른다는 것을 선사가 몰라준다는 듯한 뉘앙스nuance로 표현하였지요.

사람의 자취는 한 순간이지만, 그곳에 남겨 둔 흔적은 영원하답니다. 마치 다가옴에 있어서 특별히 반기거나, 떠남에 아쉬워하지 않는 서래봉(西來峰)이나, 천년을 이겨낸 주목(朱木)이 그렇지 않습니까? 오늘 이 글을 쓸 때면 그 시절처럼 그대를 향하여 이 글을 썼습니다.

그대, 하얀 설원을 밟으며 사뿐하게 나에게 왔지요.
산 침침(沈沈), 수(물) 잠잠(潛潛)하던 그곳, 오직 침묵의 땅, 하늘, 강.
내 영혼 달래기 위해 그렇게 달려왔지요.

메마른 단풍나무 가지 눈꽃 소복 쌓인 어느 날
그대는 나에게 한 마리 나비가 되어 다가왔지요.
태인 골골에 묻혀 둔 그대 속삭임은 실개천 물길 따라 흐르고
서래봉(西來峰) 우뚝 솟은 조사(祖師) 향기가 천년의 주목으로 환생했던가요?
그렇게 우리는 만났고 그렇게 돌아서기까지,
그대는 나에게 외로운 골의 불빛이 되어, 늘 내 곁을 밝혀 주었지요.

그대여, 우리의 이별이 언제였던가요.
이별한 후 10년이 흘러서야 그대를 향한 전화를 할 수 있었지요.
나의 전화를 들고는 아무 말이 없었지요, 얼마인가 할 말 잊은 침묵이 흘렀지요.
세월은 흘러 다시 24년이……
그대가 나를 향해 전화를 주었지요.
지금도 기억합니다. 그대의 첫 한마디, "수십 년의 세월이 흘렀답니다."
나 역시 말을 하고자 하나 할 말을 잊었답니다. 너무도 뜻밖이니까요.

그대여, 그 시절이 너무 그립네요.
하얀 눈, 솜털보다 고운 눈 위에 나는 쓰러졌지요.
잠시 내 영혼이 잠에 들었을 때, 나에게 다가와 내 몸을 일으켜 주었지요.
꿈속에서 나는 그대를 보았답니다. 큰 날개옷을 입은 천사였지요.

그대와 나의 만남은 영혼의 만남이었지요.
세속이 아닌 만남이었지요. 아무도 볼 수 없는 그곳에서,
아무도 찾으려 해도 찾을 수 없는 그곳이었지요.
어느 때는 하늘 기차를 탔고, 어느 때는 길 없는 바다를 항해하였지요.
세속의 이름으로는 그것을, 타락이다 방황이다 말할 수 있을 거예요.
그렇지만 우리는 방황하지 않음을 변명할 수 있음은
이미 세속을 잊은 지가 오래였기 때문이지요.

그리움은 아련하게도 실감나는 것
회상(回想)할 수 있기 때문이겠지요.
회상할 수 있음은 흘러가 버렸기에 그리움이지요.
그대를 향한 오늘 나의 그리움은

옛이야기가 있어서랍니다.

이 글을 쓸 때면, 이미 해는 저 멀리 가 버렸지요.

다시 찾아오지 않으면, 찾을 수 없는 그곳으로 말이지요.

4부
돌이켜 향하다

是日又雨
江山满目
不知谁是
花红柳绿
居然老
此役之无心
沒怨
滔滔发夜缩
戊戌盛夏 夢門之人

스님 운명이 뭡니까

그러니까 아주 오래전 일로, 운제산 원효암에 살 때다. 그곳은 신라 고승 원효가 머물렀던 곳으로, 나도 잠시 머문 적이 있었다. 원효암은 운제산 산허리를 돌아서서 앉은 남향으로, 서천 동류수(西泉東流水)라 물이 좋았다. 도량은 아늑하면서도 산기운이 머무는 그런 곳에 백단, 작약, 장미, 국화, 수국 등 많은 수종의 꽃나무와, 오래된 모과와 감나무가 빼곡했었다.

한 날 정원의 빛깔이 유난히 좋았던 오후 시간에, 잠시 마루에 걸터앉아 무슨 생각인지 잠시 정(定)에 들었는데, 인기척 소리에 머리를 들었다. 눈앞에 마흔 중반 정도의 통통해 보이는 보살(菩薩. 여신도)이 있었다. 그는 나에게 인사를 하고는 조금 머뭇거리는 듯해 보였다. "보살님, 이곳은 외진 곳인데, 어떻게 여기까지 오셨습니까?" 하고 인사로 물었다. 그러자 보살이 말했다. "스님,

좀 앉겠습니다." 나는 앉으라 하고는 자리를 조금 옆으로 옮겨 앉았다. 신도와 나는 나란히 뜰을 바라보았다. 신도가 나에게 물어 왔다. "스님, 운명이 뭡니까?" 당시에 나는 관법(觀法. 진리로써 무엇을 관하는 수행의 한 면)을 하며 지내고 있었던 터라, 고개를 조금 틀어서 얼굴을 응시하니 얼굴에 한(恨) 길이 보였다. 한 길이라고 표현한 것은, 얼굴에 드러난 주름이 마치 한 많은 인생길을 보여 주는 것 같은 그런 것으로 이해하면 된다.

사람은 누구나 색신(色身)으로 구성되어 있으므로 완결(完結)할 수 없다. 완결할 수 없다는 것은 많이 배운 사람이나 그렇지 못한 사람이나, 많이 가진 사람, 못 가진 사람이 크게 보면 다 같다는 것이다. 그것은 크게 봐서는 사대(四大. 地, 水, 火, 風)요, 좀 더 들면 온갖 조합으로 가자(假恣)해서 이루어진 물질에 불과하기 때문이다.

중국 명나라 때에 어떤 사람이 한 예언자로부터 앞날(運命)에 대해 가르침을 받았다. 예를 들자면 '당신은 말직 공무를 보는 운이고, 자식 둘을 두고 살 운이다.'라는 이야기이다. 세월이 지나고 보니 그때 예언자의 말이 딱 들어맞을 뿐 아니라, "생각하니 운명이란, 이렇게 정해진 것이구나. 무엇을 욕심낼까 보냐. 주어진 운명을 수용하리라." 하는 생각으로 그렇게 살다가 어느 날 공무로 멀리 출장을 가는 길에 절을 보게 되었다. 그 절에는 노스님 한 분이 보였는데, 노스님은 그에게, "어떻게 사느냐?"고 물었다. 그때 그 사람은, "주어진 운명이라면 굳이 노력할 필요가 있을까?" 하는 마음을 가지고 있었다. 그런데 노스님이, "운명도 하기에 따라 바뀔 수 있다."는 내용을 말했다. 그는 노스님의 말이 가슴에 와 닿음을 느꼈다. 집으로 돌아와서 운명을 개척하기 위해 많은 노력을 했다. 그렇게 노력을 했더니, 운명이거니 하고 그냥 살았던 지난 세월이 후회스러웠다. 그는 10년이라는 세월을 두고 마음의 공덕을 쌓아 후인들에게 『운명 개조법』이라는 글을 남겼다.

이 이야기는 중국 명나라 선비 원요범(袁了凡)이라는 사람이 어느 날 운곡(雲谷) 스님을 만나 운명은 의지와 노력에 의해서 바꿀 수 있음을 알게 되었다는 이야기다. 그는 아들을 위해 바르게 사는 네 가지의 교훈을 남겼다. 그가 말하는 인생 운명의 변환은, "악한 일 하지 말고, 선행을 많이 하고, 스스로 뜻을 맑힌다면, 이는 곧 부처의 가르침이다(諸惡莫作 衆善奉行 自淨其意 是諸佛敎)."라는 것이다.

그날 암자를 찾은 보살을 관법해 보니 일찍이 결혼하여 아들을 두자 남편과 이별하는 운이었다. 그는 자식을 위해 어떻게 살까를 생각하다 삯바느질 일을 했다. 그렇게 자식을 위해 열심히 살았다. 아들은 고교를 다니고 있었다. 그렇게 살던 어느 날 한 남자를 만났다. 소위 팔자 고쳐 보자는 마음으로 그와 재혼했다. 그는 돈이 좀 있는 사람이었다. 삯바느질 일을 하지 않아도 되었다. 그러나 때늦은 재혼에 자식을 대하는 어미의 마음이 늘 편치 못하였다. 한편으로는 후회하는 마음도 들었다. 고생고생 했어도 자식 굶기지 않고 고등교육까지 시켜 왔는데 조금 더 잘살자고 그렇게 살자니 늘 편하지 못한 삶의 연속이었다. 그렇게 살기를 해가 가고 달이 차다가 무엇이라도 해야지 그냥 지낼 수가 없었다. 남편의 도움을 받아 시장에 식품 가게를 하였다. 가게는 늘 바빠 하루도 쉬는 날이 없을 정도였다. 그러던 어느 날 시간을 내어 절을 찾게 된 것이다.

나란히 앉은 쪽마루에서 우리는 이런 이야기를 나누는데, 해는 서산마루에 걸렸다. 서둘러 발길을 돌리는 보살이 '운명'이라는 것은 현재 나의 모습(今生受者是)이기도 하지만, 의지에 따라서는 변해질 수도 있다(今生作者是)는 확신을 가졌으면 하는 바람이다. 그리고 오늘보다 나은 내일을 향해 행복을 꿈꾸며 살기를 바라는 마음이다.

잠시 최면술사가 되다

지금으로부터 18년 전쯤으로 기억된다. 서울 적조암(寂照庵)에 있을 때의 일로서 당시 적조암은 많은 사람들이 구름처럼 모여들 때이다. 왜냐하면 그곳에는 세상에 명성을 떨치던 모 스님이 있었기 때문이다.

처음과 다르게 불교의 본질과도 좀 동떨어진 그런 것으로 사람이 모여들었다 그것은 다름 아니라 '인생 문제 상담' 뭐 이런 것이다. 우리나라 불교에서는 공식적으로 운명 같은 것은 볼 수 없도록 되어 있다. 그것은 부처님의 가르침에도 어긋난 것이다. 그런데도 그런 것을 보려는 사람이 문전성시를 이루었다. 물론 처음부터 그런 것을 본다고 알리지는 않았다. 지금도 그렇지만 대학 입시를 앞두고 자녀를 둔 어머니 심정은 당사자가 아니면 모를 것이다. 그래서 대학 입시생을 둔 어머니들께 입시 상담을 해준다는 것인데, 그것이 어떻게 무얼 봐주는 것으로 사람들 입에서 입으로 소문이 났다. 그때 어느 중년 부인이 왔는데 그는 자기 딸의 정신에 병이 들어 있었다.

그러한 관계로 혹시 이곳에 오면 자기 딸의 병이라도 좀 고칠 수 있는 방법이라도 알 수 있을까 하는 심정으로 상담을 했다. 그러나 그렇지 못했다. 대학 입시 진로 상담이라면 도움이 되겠지만, 정신이 병든 것을 어찌 그 스님이 치료할 것인가. 물론 뒤에 알게 된 사실이지만 정신병원에서도 수차례 치료를 받아 왔고, 현재도 치료를 받는 중이었다. 심지어 1년 동안이나 입원 치료를 받은 일도 있다는 것이다. 당시는 매주 한 번씩 병원에 가서 일주일치 약을 타서 먹고 있었고, 그러다 제대로 돌보지 못해 발작 증세라도 나게 되면 동서로 쫓아다니다 못해 용하다는 무당까지 찾곤 했던 것이다. 그 부인이 또 적조암을 찾아와서는 상담을 신청했다. 그러나 결과는 뻔한 것이었다.

그럴 쯤 어느 신도 한 분이, "지연 스님을 찾아봐!" 했다. 그 부인은 지푸라기라도 잡는 심정에 뒷방에서 조용히 지내는 나를 찾아왔다. 나는 기왕 왔으니 정신과 의사가 해야 할 일을 본의 아니게 상담을 하게 되었다. 내가 가진 능력이라면 불가에서 공부하고 과거 심리학(대학원 과정)을 좀 공부했던 것이 전부라 할 수 있었다. 그것은 정신과 의사의 임상 심리학이 아니고 일종의 상담 심리학 과정 정도일 뿐이다. 그러니 정신에 병이 든 사람은 정신과 의사가 치료해야 하지만 어쩌다 주어진 운명처럼 나는 그것을 피하지 않았다. 우선 병의 원인을 알기 위해서 현재의 증세를 살피고 과거를 물어 가며 대화를 시작했다. 증세가 심한 편이었다. 그 사찰에서 입시 상담을 해준다는 꽤 유명한 스님을 가리켜, "토끼 같다."는 말을 할 정도이니 정신이 돌긴 완전히 돌았다. 눈동자도 제자리를 잡지 못한 것이다.

이렇게 처음 대하여 상담을 하고는 현재도 매일 먹고 있는 정신과 처방약을 중단시켰다. 그리고 안심을 시키기 위해 혹시 불안하거나 잠을 이루지 못하는 일이 있으면 스님에게 연락을 하라. 그러면 스님이 곧바로 달려가서 너를 돌봐 주겠다고 약속을 했다.

그런 후 매일같이 먹던 약을 끊게 해 놓았으니 무슨 발작증이라도 일어나면 어떡하나, 하는 마음으로 기다리던 차에 한 5일 정도 있으니 답십리에 있는 그의 집에서 연락이 왔다. 스님이 빨리 와 주면 좋겠다는 내용이다. 나는 어차피 고쳐 주리라는 마음을 먹었으니 고쳐 줘야 한다는 마음으로 달려갔다. 그 집에 도착해 보니 늦은 저녁 시간이었다. 나이라 해본들 이제 스물한 살 정도의 앳된 처녀이니 만큼 앳된 모습에 눈동자도 초점을 잃은 것이 안타까울 따름이었다.

내가 그에게 물었다. "무엇이 그렇게 무섭더냐? 무엇이 너를 이렇게 하는 것이냐?" 앳된 처녀의 말인즉, "지금 문밖에서 죽은 남자 친구가 나를 부르고 있어요." 그 말에 나는 이 애가 환상적인 착각을 만들고 있구나, 하는 생각이 들었다. "너 지금 거짓말하는 거지? 어찌 죽은 자가 네 집 앞에 있을 수 있으며 너를 불러낸다는 말이냐? 정신을 다시 가다듬고 똑바로 보고, 바른 마음으로 말해 보라."고 하자 잠시 머뭇하더니 별말을 하지 못했다.

그때 나는 네가 보인다는 환상도 네가 만드는 것이다. 현실이 아닌 것은 모두가 허상(虛像)인데 사람들은 가끔 허상을 만들어 남에게 말을 하는 수가 있다. 이것이 자기에 있어서는 어떤 짐작을 하면서 말을 한다고 하지만, 그 대상이 되는 사람들은 그와 같은 짓들을 돌았다고 여긴다. 그러니 스스로 상상을 만드는 짓을 하지 말며, 또 그것을 남에게 말하려고 하지 말라, 라는 식으로 그를 설득했다.

그러자 그는 몸을 가볍게 떨기 시작했다. 나는 그의 어머니로 하여금 방에 들게 했고, 그리고 그의 침대에 그가 눕도록 했다. 그리고는 그에게 안정을 주기 위해 팔자에도 없는 심리사가 되어 그가 편안한 마음을 가지도록 유도를 하고는 최면 아닌 최면술적인 것을 동원하여 그의 어머니가 지켜보는 가운데서 잠을 들게 하고는 그 자리를 나서게 되었다.

그것이 무슨 힘이 되었던지 그로부터 그 처녀는 상태가 좋아졌고, 나는 그곳의 사찰을 떠나게 되었다.

세월은 흘러 10년 정도가 지나서 우연히 다시 예전의 적조암을 가서 살게 되었다. 그때 그 처녀의 어머니를 만나게 되었는데, 스님이 돌봐 준 그때 이후로 점차 좋아져서 그 애가 시집을 가서 아이를 둘이나 낳고 잘살고 있다는 것이다.

산 채로 천도하다

오래전 포항 원효암(元曉庵)에 살 때다. 원효암은 원효대사가 창건한 사찰이라는 뜻으로 운제산(雲梯山) 계곡 남쪽 봉우리 아래 중턱에 있었다. 삼국유사에 의하면 원효 스님과 대안 법사가 계곡에서 고기를 먹고 볼일을 본 후 활발하게 물을 가르는 고기를 가리키며, "네 똥은 내 고기다."라는 말로 지은 절 이름이 오어사(吾魚寺)다. 오어사 절을 지나 한참 올라가면 사방이 산으로 빙 둘러 있는 명당이 보인다. 우선 물줄기가 하나 있는데 서쪽에서 동쪽으로 흐르니, 예로부터 서천 동류수(西泉東流水)는 약수라고 말을 할 정도로 좋은 샘이 있는 암자였다.

내가 이곳에 머물게 된 것은 자장암에서 인연이 다 되어 바랑을 짊어지고 떠나는 길이었다. 그곳을 벗어나려면 당시 오천에서 버스를 타야 하는데, 버스 정류장에서 차를 타기 위해 잠시 서 있었다. 그렇게 차를 기다리던 중 우연하게도 원효암을 중수한 노 보살을 만나게 되었다. "스님! 지금 어디로 가시려고 이렇게 바랑을 짊어졌습니까?" 하고 물어 왔다. 나는 인연이 다 되어 이곳을 떠나기로 하였다는 말을 하게 되었는데, 그때 노 보살이 원효암에 와서 살면 좋겠다는 간청을 해 왔다. 나는 좀 망설이며 생각하다가 좋다고 승낙을 했다. 원효암은 신라 시대 원효대사가 머문 곳으로 6·25 전란 때 불에 타서 절터만 있던 것을 노 보살이 중창하였다. 그곳 신도들에게 들은 이야기로는 노 보살은 젊은 날, 경주에 있는 큰 요정의 안방 기생을 했었다. 안방 기생이란 요즘으로 보면 일반 기생이 아닌 기생을 통솔하는 마담 정도가 되지 않을까 생각한다. 뒤에 들은 바이지만 미모가 달덩이처럼 고왔던 30대 초반의 나이에 이곳에 와서 여생을 보내다가 나를 만나서 사실상의 주인인 그가 절을 나에게 넘겨주고 간 셈이다.

원효암은 고기 모양으로 현판이 만들어져 대웅전(大雄殿) 자리에 원효암(元曉庵)이라는 이름으로 붙은 것이 특징이다. 그것은 삼국유사에 의하면 일연(一然) 스님이 삼국유사 마지막 부분을 쓸 때, 산 아래 큰절 오어사에서 머문 기록이 나오고 그 기록에 의하면 '네 똥은 내 고기다'라는 말이 나오는데, 그곳에서 비롯해서 현판이 그렇게 달리지 않았나 생각한다.

 이곳에는 다른 산속 암자와 달리 정원이 잘 조경되어 있었다. 법당 앞에는 수국(水菊)과 작약, 목란, 상사초, 그리고 향나무가 탑처럼 조경되어 있었다. 그리고 천년의 역사를 말하듯 오랜 돌담장과 고목이 된 수없이 많은 감나무, 또한 100년을 넘은 듯한 모과나무 등 이루 헤아릴 수도 없을 만큼 정원이 잘 꾸며져 있었다.

 나는 이곳에서 작은 텃밭을 만들어 고추도 심고 상추도 심었다. 그리고 호박도 심었으며 그것을 따다 반찬을 해서 한 끼의 밥을 먹으며 홀로 생활을 하였다. 사방이 산으로 둘러싸인 관계로 해가 일찍 떨어졌다. 물론 당시로서는 전기도 없었고 전화도 없었다. 자연히 밤이 일찍 찾아왔고 밤이 되기 전 오후 다섯 시만 되면 얼른 밥을 해 먹고는 방 안에서 좌선을 하거나 조사 어록 등을 보았다. 전기가 없다 보니 자연히 촛불에 의지할 수밖에 없다. 그런데 가끔 촛불이 타다가 '딱' 하면서 촛농이 튀는 소리를 낸다. 그럴 때면 혼침(昏沈. 졸음)하던 수행자의 장군 죽비 맛과 별반 다르지 않다.

 그렇게 촛불을 태우며 혼자서 공양을 해 가며 수행하던 어느 날 오후 중년의 보살(여신도) 한 분이 찾아왔다. 와서 이런저런 말씀을 하는데 참 기구한 가족 관계라는 것을 알 수 있었다. 보살 자신의 가정도 형제, 친족 할 것 없이 엉망이었다. 나로서는 밥하는 공양주도 없이 사는데 이런 보살이 와서 스스로의 업장도 소멸하고 밥이라도 해준다면 좋겠다고 생각을 하던 차에, 보살 역시 업장 소멸과 가족의 안녕을 위해 잠시 지내겠다고 해서 함께 지내게 되었다. 그날부터 절에서 공양을 하며, 채소도 가꾸고, 절 도량 청소도 하며 아침저녁 기도하기를 빼놓지 않았다. 그렇게 생활을 하며 나를 도와주니 처음에는 고마운 생각만을 가지게 되었는데 어느 날인가 좀 이상한 일들이 자꾸 일어나고 있었다. 그것은 매일 밥그릇에 긴 머리카락이 하나씩 들어온다는 것이다. 처음에는 공양주 하는 보살이 정신을 제대로 가다듬지 않아서 그러려니 하다가 매번 그렇게 머리카락이 들어오니 참으로 이상한 노릇이었다. 나는 호되게 꾸짖기도 해보았다. 그럴 적마다 그 보살은 미안한 마음에 쌀을 씻고 또 씻고 하면서 신경을 썼지만, 그래도 되지 않았다. 그곳에는 지난 과거에 노스님 한 분이 주지로 사시다가 돌아가셨는데, 노스님이 쓰셨던 밥그릇을 써서 그렇지 않을까 하는 생각으로 밥그릇까지 다 바꿔봤지만 소용이 없는 일이었다.

그러던 어느 날 내가 그간의 있었던 날짜를 보니 내일이면 삼칠일(21일)이 되는 것 아닌가. 아무리 생각을 해도 참으로 이상한 일이 아닐 수 없었다. 밥뚜껑을 열어서 머리카락이 보일 때도 있지만 보이지 않을 때도 있다. 다행이구나, 하는 생각으로 밥을 먹다 보면 어김없이 중간쯤에서 나오는 것이다. 그러다 뒤에는 아예 먹기 전에 밥 속을 뒤져서 머리카락을 찾는데 어느 때는 위에서, 어느 때는 중간, 어느 때는 바닥에서 나오는 것이 참으로 이상한 밥을 먹게 된다는 생각을 하니 자연히 밥 먹기가 싫을 뿐 아니라 두려움마저 들었다.

하루는 그 보살을 불러서, "보살은 살아 있지만 죽은 귀신과도 같으니 이렇게 매일 괴로워할 것이 아니라, 내가 보살을 위해 천도를 해 드리리라." 하니 보살은 좋아했다. 스님이 자기를 위해 천도를 해준다 하니 기뻐하는 모습이 역역(役役)했다. 그래서 보살에게 다시 말하길, "보살은 살아 있지만 죽은 귀신이나 다름없습니다." 하고는 산 사람이지만 죽어서 쓰는 영가 위패를 쓰듯 하여 '망 ㅇㅇ 유인 ㅇㅇㅇ 영가'라는 위패를 써서 붙이고는 재를 지냈다. 그리고 위패를 불살랐다. 그런 이후 공양주 보살이 다시 해주는 밥을 먹게 되었는데, 신통하리만큼 머리카락이 눈에 띄지 않았다. 혹시나 하는 마음으로 계속하여 살피고 또 살폈지만 머리카락은 보이지 않았다. 이것이야말로 산 채로 천도한 것이 아니고 무엇이랴.

나는 그날 이후부터는 음식도 잘 먹고 별일 없이 지내게 되어 그간 보살로 인해 공양을 편히 먹게 됨을 한편으로는 고마

웠고 그 보살 역시 그곳에서 잠시나마 업장도 소멸하고 가족에게 건강하게 돌아갈 수 있어서 참으로 다행하다 여기게 됐다.

걸림 없이 사는 길

어떻게 살아야 잘사는 것이고, 어떻게 살아야 걸림 없이 사는 길인가? 이것은 인생의 과제며, 이것만 잘 풀어 나간다면 인생을 영위하는 어려움은 없을 것이다.

일찍이 원효(元曉)는, "일체의 걸림이 없는 사람이라야 한 길에 생사를 뛰어넘을 수 있다(一切無碍人 一道出生死)." 이런 말을 남길 정도로 그는 걸림 없이 한 시대를 살았던 고승이다. 그는 신라 성골(聖骨)의 집안에서 출가를 했다. 출가 후에는 불법을 알고자 당시에 최고의 선승(禪僧)이나 도인을 찾아 여기저기 다니다가 그의 스승이라 할 수 있는 대안(大安)을 만난다. 대안 스님은 이미 공부의 한 경지를 이룬 분으로, 일체의 걸림이 없이 그야말로 자유자재 수행하고 있었다. 그의 수행은 어느 특정한 처소가 없었다. 배가 고프면 아무 집이나 문 앞에서, "나 대안이요." 하며 툭툭 치고, 다행히 대안의 법력을 아는 신도라도 만나면 반갑게 잘 대접을 받겠지만, 그의 법력을 잘 모르는 아낙네에게 걸려서 문전 소박만 당하지 않으면 다행한 일일 테지만……그래도 그는 그런 환경에 구애되지 않고, 스스로의 법열ecstasy의 즐거움으로 수행하며 지내었다. 이때 원효가 대안에게서 많은 공부를 하지 않았을까, 하는 생각을 할 수 있다. 그의 친구이자 사촌인 의상(義湘)을 만나서 당나라 유학길에 올랐다가 해골에 고인 물을 먹고, 당나라 유학을 포기했다. 그리고 어느 날인가부터 그의 스승 대안처럼 거리를 헤매다가, 거지를 만나면 함께 거지가 되어 바가지 하나 들고 '나무아미타불'을 외면서 그들과 함께 생활했다. 그런가 하면, 자기의 후세를 생각했던지, "자루 없는 도끼를 구한다!"고 외치면서 거리를 활보했다. 그것으로 그는 파문을 당했다. 파문을 기다리기라도 한 것처럼, "나는 복성(卜性) 거사요!" 하며 파계한 것이 무슨 자랑이라도 되듯 거리에서 생활했다.

걸림이 없이 산다는 것이 결코 쉬운 과제는 아니다. 그렇게 살기 위해서는 마음에 집착이 없어야 한다. 부처님께서도 사성제(四聖諦)에서, "모든 괴로움은 집착에서 나온다. 집착으로부터 해방되기 위해서는 여덟 가지 정도를 행해야 한다."고 하셨다. 여덟 가지 정도란, "정견(正見)으로써 사물(事物)을 대할 때에는 바르게 보아야 한다. 정사유(正思惟)로써 사물(事物)을 봄에 바른 판단을 해야 한다. 정어(正語)로써 사물(事物)을 대함에 바른 말을 해야 한다. 정업(正業)으로써 사물(事物)을 대함에 바르게 보고 행동을 해야 한다. 정명(正命)으로써 바르게 생명을 유지하여야 한다. 정정진(正精進)으로써 정진을 하되 바르게 해야 한다. 정념(正念)으로써 생각을 하되 바르게 해야 한다. 정정(正定)으로써 마음을 바르게 가져야 한다."

앞의 다섯 가지는 사람을 포함한 모든 사물(事物)을 대함에 있어 바로 보고 바로 판단하여 바르게 대하라는 뜻이고, 뒤의 세 가지는 스스로의 정신 가짐으로서 공부를 하든, 생각을 하든, 정신을 모으는 것에 있어서 바르게 해야 한다는 것이다. 그러므로 고해(苦海)를 넘어 저 언덕(涅槃. nirvana)을 오를 수 있다는 뜻이다.

이것은 종교적으로 해석될 수도 있지만, 인간이 세상을 살아가자면 늘 불안하고 두려움이 따른다. 이것은 무서운 사자나 호랑이 같은 짐승 때문이 아니다. 스스로가 두려워하기 때문이다. 스스로 두려워한다는 것은 정업과 같이 살지 못함이 스스로를 두려워하게 만든 것이 된다. 그러므로 일체의 두려움이 없어야, 일체의 걸림이 없는 삶을 살아갈 수 있다. 나아가 일체의 걸림이 없는 삶이란 무엇인가? 일체의 걸림이 없다는 것은, 가고 싶을 때에 가는 것이요, 이루고자 하는 마음이 서면 그것을 바로 실행하는 것이요, 쉬고 싶은 마음이 들면 그대로 쉬는 것이다. 다만 쉰다는 것은 바로 보고 바로 행하고 바른 말만 하는 것은 아니다. 그렇게 하기 위해서는 놓을 줄 알아야 한다. 예전에 어떤 기자가 불교의 고승을 면담하는 자리에서 고승에게 묻기를, "인생이 무엇입니까?" 하니, "수미산도 방하착(放下着)하라." 하였다. '방하착'이란 '놓아 버린다'는 뜻으로 불가에서 많이 쓰는 용어다. 수미산(須彌山)이 무엇인가? 불교에서 보는 우주관이다. 그러해서 진정 대자유인처럼 걸림 없는 삶을 살고자 한다면, 크게 놓아 버릴 수 있어야 진정 걸림이 없는 삶이자 무애 자재(無碍自在)인이라 할 수 있다.

불공으로 병을 고치다

운제산 자장암(慈藏庵)에 살 때다. 당시에는 전기나 전화가 들어오지 않았을 때인 만큼 신도가 절을 찾는 것도 스님이 신도를 대하는 것도 쉽지 않았다. 더군다나 그곳은 교통마저 좋지 않았다. 길을 두 갈래로 나눌 수 있는데, 하나는 오어사(吾魚寺) 쪽 정면으로 오는 길이고 하나는 뒤쪽 대송면으로 온다. 앞쪽으로 온다 해도 차를 한두 번 갈아타고 내려, 산길을 족히 30분은 걸어야 하고 뒤쪽으로 와도 한두 번 차를 타고 내려서 산길을 한두 시간은 걸어야 올 수 있으니 말이다. 그러한 조건에서 절과 신도의 관계는 1년에 몇 번의 편지가 유일한 소통communication인데 다행한 것은 그곳이 여느 사찰과는 다르다는 것이다. 삼국유사에도 언급되어 있을 정도로 역사가 있고 또 그 역사 속의 주요 인물인 원효와 자장의 실화가 얽혀 있는 곳이기도 할 뿐만 아니라, 지형적 영향으로 인하여 그 지역에서는 상당히 알려진 기도 사찰인 것이다.

그곳 자장암은 한국의 사찰 어디에서도 볼 수 없는 독특한 지형에 있는데 삼면이 절벽이요, 또한 산봉우리 위에 법당이 있어 실로 경이로운 곳이 아닐 수 없다. 우리나라에서 높은 곳의 사찰을 든다면 치악산 상원사와 설악산 봉정암, 그리고 지리산 법계사 등을 들 수 있는데 그러한 곳은 실제에 있어서는 산 정상과는 좀 떨어진 중턱 내지 정상을 오르는 위치 정도에 있는 곳이다. 그러나 이곳 자장암은 봉우리에 법당이 있는데 법당 뒷산에 오래된 소나무가 한 그루가 있다. 그 소나무 가지 자락과 법당 기와가 같이 나란히 있으니 실로 산봉우리 위에 절이 있는 셈이다.

이런 곳에서 나는 5년이라는 세월을 보내게 되었는데 하루는 포항의 상도동에 사는 강 모 보살이 찾아왔다. 그 보살은 자장암의 지역 화주 보살로서 절에 기도가 있건 불사를 하건 항상 신도들에게 화주(化主)를 해 온다. 그러한 보살이 해가 질 무렵에 키가 크고 몸집도 큰 아들을 데리고 온 것이다. 자기의 아들이 밤을 두려워해서 밤만 오면 무서움을 느껴 엄마든 누나든 함께 잠을 자야 할 정도로 정신적인 병이 깊이 들어서 이곳에 온 것이다. 나는 참 의아하게 생각하는 것이 화주를 하는 보살도 옛 부인으로서는 유난히도 컸던 분이다. 그런데 그 아들도 그에 걸맞게 키가 크고 덩치가 좋았다. 나이도 20대 초반밖에 되지 않는 사람이 갑자기 그렇게 움츠리는 생활을 하니, 그 모습이 마치 어미 품을 떠나 길에서 방황하다 어느 날 비에 흠뻑 젖어 돌아온 외아들같이 안타까워했다.

그래서 나는 불공(佛供)을 정성스럽게 드렸다. "대자대비하신 부처님, 이곳 화주 보살의 아들이 빨리 쾌차될 수 있도록 부처님의 가피를……" 이렇게 한참을 불공을 드리니까 온몸에 전율이 이는 것을 느끼며 들고 있던 목탁까지도 이상하게 느낄 정도였다. 당시 나는 생각하기를 내가 불공을 하면서 이곳 화주 보살 아들이라 지극한 마음으로 온 정성을 다하여 기도를 드리니 이렇게 기이한 현상이 일어나지 않는가, 하는 생각을 하였다.

불공이 끝난 후에 그 아들에게 물었다. 진정 무엇이 그렇게 두려우냐? 하면서 혹시 밤이 되면 두려운 마음에서 벗어나려고 술을 먹지는 않느냐? 하였더니 그렇다고 했다. 나는 그 즉시 술을 먹으면 안 된다고 하면서 술이란 순간은 편할지 몰라도 술을 먹으면 병을 고칠 수 없으니 술을 먹지 못하게 약조를 받고 대신 천수경에 나오는 '호신 진언(護身眞言. 옴 치림)'을 외우라고 하였다. 그것은 내가 어린 나이에 산속에서 살 때 큰 위안이 되었다. 호신 진언이란 내 몸을 보호한다는 뜻으로 밀교(密敎)에 의하면 호신 진언 '옴 치림'을 한 번 외면 내 몸을 보호받고, 두 번을 외면 내 가족과 형제를 보호받고, 세 번을 외면 내 친지 등을 보호받고, 네 번을 외우면 내가 사는 마을을 보호받고, 다섯 번을 외우면 내 국가가 보호되고, 여섯 번을 외우면 세계가 보호받으며, 일곱 번을 외우면 온 인류가 보호받는다는 것으로서 나는 이런 믿음의 확신을 갖고 있어서 스스로 실행을 하였고 그때 그 화주 보살의 아들에게 권하게 되었다.

그로부터 시간이 흘러 몇 달이 지나서 그곳의 화주를 하려고 상도동을 가게 되었는데 그때 그 화주 보살 댁을 찾아서 화주 이야기를 하였더니 반갑게 맞아 주면서 당시 돈 30만 원을 선뜻 내주는 것이 아닌가. 나는 너무도 쉽게 시주를 하니 의아한 마음이 들었다. 알고 보니 그것은 지난 몇 달 전 자장암에서 스님이 불공을 잘 해준 덕분에 자기 아들이 금방 좋아져서 지금까지 별 탈 없이 잘 지낸다는 것이다.

세상에는 무엇이 진리다 아니다, 라고 하기 전에 나보다 어려운 이웃을 생각하고 나보다 상대가 무엇을 바라고 있는지를 먼저 생각한다면 그곳에 이웃이 있고, 길이 있고, 진리가 있고, 가피가 있고, 행복이 있지 않겠는가?

사람이 아름다운 것은

세상에는 무엇이 아름답다, 무엇이 멋있다 해도 사람만치 아름답고 멋있는 것은 없을 것이다. 그러나 반대로 세상에서 가장 무섭고 두려운 것이 무엇이냐? 한다면, 단연 사람이 꼽힐 수 있다. 또한 세상에서 가장 추한 것이 무엇이냐? 한다면, 이 또한 사람을 들 수 있다.

사람이 아름답다고 여기는 것은, 아름다운 마음을 보일 때다. 아름다운 마음이란 무엇인가? 지구상에 존재하는 그 어떤 동물보다도 뛰어난 머리는 말할 것도 없고, 사물을 인지하는 능력을 갖추었다. 아름다운 색(色)을 판별할 수 있으며, 사람이 판별하는 색이 족히 400가지는 더 되리라 생각한다. 그럴 정도로 민감한 감성의 감각을 가지고 있는 인간이 그러한 감각적 감성을 십분 발휘하여 이웃에게 즐거움을 주고, 또한 괴로워하는 사람에게 위안을, 즐거워하는 사람에게 그 즐거움을 더한층 즐겁게 하는가 하면, 맑은 영혼으로 지친 영혼을 달래 주는 이러한 것이 사람이 아름다운 덕목이 될 수 있다. 반대로 이러한 능력을 가진 인간이 그 능력을 혼자만이 다 가지려는 욕심과, 나 홀로 잘 났다는 자만심, 이러한 것들은 인간이 추악하고, 인간이 무서운 존재로 인식될 수도 있다. 그러나 사람이 제아무리 날고 뛰는 재주를 갖추었다 해도 그것은 하나의 가성(假成)적 유기(有幾. organic matter)로 이루어진 복합물(復合物. composition)에 불과한 것이다. 그러기에 괴로워해야 하고, 슬픔이 극대화되어 이성을 잃을 뻔하는 순간이며, 고뇌하다 자결(自決)까지 가게 되는 것이다. 사람은 이미 태어나면 그것이 고(苦)가 되고, 그 고가 늙고 병드는 원인이 되어 끝내 죽음에 이른다. 이러한 것이 인간의 한계인 것이다. 그러므로 인간은 스스로 완벽한 것처럼 행동하는 것은 마치 개가 코끼리 가죽을 입는 것과 같은 얼마나 우스운 것인지 모른다.

 이러한 고로 인간은 인간의 아름다움의 본 모습을 잘 간직할 수 있다면, 그는 행복한 인간이며, 행복한 삶일 것이다. 사람이 아무리 오래 산다고 해도 항상 한계에 부딪친다. 앞으로 과학이 발달을 한다면 얼마나 생을 연장할지는 모르겠으나, 우리 모두가 공감하는 것은, 인생의 행복이 과학에 있지 않다는 것이다. 물질 풍요가 사람의 심성을 병들게 만들고, 왠지 모르게 사람을 속박한다. 속박하다 못해 잠시도 편히 쉬게 하지 못하게 한다. 외국의 어느 기자가 한, "차를 타서 급히 운전을 하는 것은 죽은 시간이다."라는 말을 기억한다. 나는 정말 공감한다. 빨리 달리는 것은 차창에 비쳐 오는 사물을 인지하기는커녕 정신 건강까지도 죽게 만든다. 반면 천천히 여유 있는 운전을 하면 시야에 들어오는 모든 사물이며 전경을 음미하게 되니 정신 건강에도 많은 도움을 준다.

이렇듯 인간에게는 점차 다가오는 것은 과학의 힘이다. 이런 과학의 힘이 과연 인간을 행복하게 할 수 있을까? 물론 어찌 생각하면 당장 암이 생겨도 암을 치료할 수 있는 약이 나온다고 한다면, 기쁜 생각을 가질지는 몰라도 암을 치료할 수 있는 길보다 암이 발생하지 않을 수 있다면, 그것이 훨씬 더 좋은 방법이 될 것이다. 그러나 오늘 우리 인간에게 주어진 현실은 세상이 좋아지면 좋아질수록, 인간의 삶이며 정신의 영역까지 점차 황폐할 뿐이다.

그러므로 '인간은 과거를 먹고 산다'고도 볼 수 있다. 그것은 지나간 향수의 차원이 아니라 삶이 갈수록 기계적이다. 기계가 빈틈이 없듯이 인간의 삶은 갈수록 그 영역이 좁아만 가는데, 그것도 드넓은 평원에서 아무렇게나 생활하며 살던 동물이 어느 날 더 좋은 시설이라 하면서, 좁은 울안에 넣어서 살게 하는 것과 같은 것이다. 동물은 자기들의 삶의 영역에 맞는 것이지, 사람들 생각에 기인하여 사람과 비슷한 환경을 만들어 놓고 그들이 행복할 것이라는 생각을 한다면, 이것은 인간의 이기적인 판단이 낳은 것에 불과한 것이다.

 오늘날 우리의 삶의 방식으로 판단하면 아무런 병이 없어야 하는데 그렇지 않다. 좋은 예로 아프리카의 사는 원주민들은 치질 같은 것이 없다고 한다. 그들은 우리들이 쓰고 생활하는 그런 위생적인 화장실도 없다. 그저 산에서 사는 동물보다 조금 나은 생활을 할 뿐이다. 그러니 그들도 동물처럼 아무데서나 변을 보고 또 나뭇잎을 따서 뒤를 닦는다. 이러한 삶이 우리들이 보면, 비위생적이니 뭐니 하겠지만, 그들에게 치질 같은 병이 없다는 데에 적이 놀라지 않을 수 없다. 그것은 앞서 설명한 것처럼 인간의 과학이 발달하면 할수록 인간은 행복해지는 것이 아니라 더욱 인간을 불행하게 만드는 것이다.

 앞에서 말한 대로 사람다우려면 사람의 아름다운 모습을 마음껏 드러낼 수 있을 때만 가능한 것이다. 요즘 사람들은, 과거 사람들이 참 불행했을 것이라는 생각을 할 수 있는데, 과거는 과거대로 행복했다고 말할 수 있다. 가령 오늘날 어린 아이들이 각박한 콘크리트 틀 안에 갇혀서 컴퓨터에 몰입하는 것이 행복인가? 들로 산으로 망 채 하나 들고 흙냄새 풀냄새를 맡으며, 나무의 숨결을 느끼며 커 가는 것이 행복한가? 그 답은 자명한 것이다. 그렇다면 그렇게 살면 되지 않느냐고 반문하겠지만, 오늘의 환경이 그렇게 되지 못한 것이다.

　나는 오늘 시골의 대안(代案) 학교의 모습을 TV라는 매체를 통해서 보게 되었다. 너무도 좋아 보였다. 바로 이것이다. 물질 팽배에 따라가지 말고, 과학만이 만능이라는 생각도 버리고, 빨리빨리 하는, 이러한 것들을 좋아하지 않을 수 있어야 한다. 이러한 것들이 앞서 언급하였듯이 인간의 아름다움을 빼앗아 가는 것이다. 한 번 뺏긴 강산은 다시 되돌리기 어렵고, 인간의 아름다운 이성도 한 번 잃어버리면, 다시 찾기가 쉽지 않을 것이다.

　예전부터 스승이 제자를 위해서 말하기를, "때는 다시 돌아오지 않으니 이때를 잡아 놓치지 마라." 하였듯이 우리들 인간의 아름다운 참모습을 어떻게 지켜야 할 것인가도, 지금 이 시점이 중요하다고 하겠다.

노루 천도하던 날

경북 달성군 가창면 우록리에 가면 남지장사(南地藏寺)라는 절이 있는데, 내가 그곳에 살 때의 일이다. 그곳에는 꽤 수행을 많이 한 스님이 주지로 계셨다. 그는 괴각(乖角)승이었다. 남과 타협할 줄도 모르고 자기가 하는 일은 무조건 옳다고 했고 무조건 따라 주길 좋아했다. 그러하다 보니 그와 함께 생활을 하는 데는 어려움이 많았다. 그러므로 함께 살던 대중이 10여 명이었는데 하나둘 떠나다 보니, 나를 포함하여 몇 명만 남게 되었다. 절은 오랜 역사를 지닌 고찰로서 규모가 꽤 큰 편에 속한다. 다만 역사의 그늘에 주인을 제대로 만나지 못한지 폐허가 된 구석도 많이 있다. 절은 병풍처럼 둘러친 산 가운데 큰절이 있고 양옆으로 하나는 백련암(白蓮庵)이요, 하나는 청련암(靑蓮庵)이다. 왜 백련이고 청련인지는 잘 몰라도 아무튼 유서 깊고 역사성이 있는 사찰임에는 틀림없다. 그 절의 조사각(祖師閣, 고승들의 영정이 모셔져 있는 곳)을 봐도 꽤 많은 고승들이 그곳을 거쳐 갔다는 것을 알 수 있다. 임진왜란 때는 사명대사도 그곳에서 3천 명이나 되는 승병을 조련했다는 설이 있을 정도다. 산은 소나무가 주류를 이루고, 아늑하면서도 빙 두른 것이 좋은 산인 것만은 분명하게 느낄 수 있다. 가을이 되면 감나무가 많아서 가운데 대웅전을 위시해서 백련암과 청연암으로 이어지는 산길에 감이 주렁주렁 열려 있어 좋았다. 또한 겨울이 되면 감나무가 많다 보니 감을 거의 따지 못해서 감이 매달린 채 눈을 맞고 빨갛게 얼어붙은 감들이 매달려 있어 까치들의 식생활 터전이 되는 것도 볼만한 장관이 된다. 그리고 하얀 눈밭에 노루와 토끼가 뛰어노는 것도 종종 구경을 할 수 있다.

이러한 환경에서 지내다 보면 세속의 근심은 어디론가 다 가 버리고 산과 동화되어 스스로 까치도 되고 산토끼도 되고 뛰는 노루도 된다. 다만 승려는 세속인과 다르기에 그저 산만 쳐다보고 자연만 감상할 수 없는 것이 수도 생활하는 사람들이다. 무엇을 공부하고 무엇을 수도라 하느냐 물어 온다면 똑떨어지게 학교나 학원처럼 배우는 것은 없다. 그것은 공부를 하는 회중(會衆)이 아니기 때문이다. 그렇다고 그냥 적당히 살지 않는다. 또 그렇게 살아서도 될 수도 없다. 수행자는 과거에 무엇을 했든 그것도 생각하지 않는다. 오늘의 현실 속에 주어진 공부를 할 뿐이다. 참선을 주로 했으면 참선을 하는 것이고 경학(經學)을 주로 했으면 경학을 하는 것이다. 그러기에 작은 사찰에 살수록 기본이 충실해야 한다. 기본이 없으면 스스로가 공부를 이끌어 나가는 것은 어렵다 제일로 어려운 것이 게으름이다. 산속의 작은 절은 공부하는 환경이 아니기에 스스로 과거에 해 오던 공부를 다시 점검하는 것이지, 공부가 전혀 되어 있지 않은 사람은 발전이 없을 뿐 아니라 정신적으로도 지탱하기가 매우 힘이 든다. 이곳 남지장사도 이와 같은 도량이다. 그저 빙 둘러쳐 있는 병풍 같은 산을 둘러보고 산새와 기는 짐승들을 친구 삼아 지내기로는 좋다는 말이다.

이런 도량에서 가을을 만나고 겨울을 만난 그해는 유난히도 눈이 많이 왔다. 가끔 눈을 맞으며 산을 한 번씩 오르내리게 되는데 그것은 산짐승이 많기 때문에 세인들이 쇠고리를 통해서 산짐승을 포획하는 것을 감시하는 역할도 되기 때문이다.

그러던 어느 날 눈이 많이 온 이후 산을 올랐는데, 눈이 내린 후라 기온이 떨어져 밟으면 소리가 날 정도로 얼어 있었다. 그때 내 눈에 한 마리의 노루가 들어왔다. 자세히 보니 올무에 걸려 죽어 있었다. 불쌍하고 가여운 생각에 노루를 짊어지고 절로 내려왔다. 절에는 주지 스님을 비롯하여 몇 명의 스님들이 함께 있었다. 주지 스님은 그것을 보더니 화장을 하자는 것이다. 그리하여 대중들이 의논을 하였는데 특별이 이의를 다는 사람은 없었다. 우선 화장을 하기 위해서는 나무를 많이 준비해야 했다. 절 문 앞 동구 밖에서 화장을 하기로 하였고 대중들은 각기 나무 두어 짐씩을 날랐다. 족히 장작 열 짐 정도는 되었다 장작을 차곡차곡 빼곡히 눕히고 세우고 그리고 석유를 뿌리려 하는데 절에서 일하는 부목(負木. 절에서 나무하고 허드렛일을 하는 사람)이, "스님! 석유를 안 뿌리면 안 돼요?"라고 말하니 한 스님의 대꾸가 재미있었다. "왜? 화장하다 말고 노루 고기 맛이라도 보려고 그래?" 그 한마디의 말에 엄숙했던 노루 화장장에 킥킥거리는 웃음이 나오기 시작했다. 다시 정신을 가다듬고 석유에 불을 붙였다. 그러자 불은 큰 불꽃이 되어 어둠이 살며시 내려앉은 산사의 동구 밖을 환하게 비추기 시작했다. 그때 주지 스님을 괴팍한 스님으로만 여겼던 우리들을 보란 듯 우렁차게 염불을 하기 시작했다. "나~무아미타불 나무아미타불……" 함께 불꽃을 바라보던 우리 모두가 다 함께 대합송으로 노루의 극락왕생을 위한 천도다비(茶毗)를 행하는 것이다.

비록 금생에 미물로 태어나서 인간들의 포획에 걸려 눈밭에 죽어 갔지만 하나의 생명은 무엇 하나 귀중하지 않을 수 없는 것, 부디 차생엔 좋은 몸 받아서 행복하게 살기를 바라는 마음으로 축원을 하면서 밤은 깊어 갔고, 거의 새벽에 이르러서야 불꽃도 식어 갔다. 한 마리 노루의 영혼도 훨훨 날아서 아침에 뜨는 햇살과 함께 눈부시게 승천할 것을 바라는 마음이다.

500원에 천도를 하다

1977년도 이른 봄쯤 밀양 무봉암(舞鳳菴)에 살 때다. 영남 팔경의 언저리에 이름조차 무봉암이다(봉이 춤을 춘다는 뜻). 참으로 경치가 좋았다. 기암절벽의 틈 사이로 산갈대가 바람에 이리저리 움직이고 발아래 내리 깎은 듯한 절벽 밑에는 검푸른 남천(南川)강이 뱀의 헛바닥처럼 날름거리며, 일렁이듯 흐르는 물결은 쪽빛 수를 놓은 듯 아름다운 곳이었다. 이곳에 잠시 행각을 멈추고, 노스님과 함께 살 무렵이다. 어느 따스한 봄날에 젊은 여자가 찾아왔다. 나를 보자마자 대뜸 자기의 병을 고쳐 달라는 것이다. 볼 때는 멀쩡했다. 다만 좀 측은하게는 보였다. 나이는 스물 몇 정도 되어 보이는데 자초지종을 들어 보니, 내가 고쳐서 도와줄 만한 것은 못 되었다. 몸에 신이 온 상태다. 소위 신병인 것이다. 이것을 내가 무슨 재주로 고쳐 준다는 말인가, 나는 생각한

끝에 풍각에 있는 용천사(龍泉寺)로 보내게 되었는데, 용천사는 아주 오래된 고찰이었다. 마침 그 사찰에 사는 스님이 도반이었기에 절에서 기거할 사람을 찾는다는 말을 들은 바가 있었던 터라 나는 그곳으로 보내면 좋겠다는 생각으로 그곳에 보내게 되었다.

그 여자는 당시 어린 내 마음에도 업이 두텁게 보였다. 그래서 그곳에서 스님들 공양(供養)을 해주고 절간의 궂은일을 하다 보면 업도 소멸되고 병도 고치지 않을까, 하는 마음으로 그곳으로 보내게 되었다. 그러다 그곳에 얼마 있지 않아 나는 포항 오어사(吾魚寺)의 산내 암자인 자장암(慈藏庵)에 오게 되었는데, 마침 오어사에서 주지 스님이 여비를 주며, 공양주가 급하니 구해 달라는 것이다. 나는 곰곰이 생각을 하게 되었는데 밀양에서 풍각의 용천사에 병도 고치고 수양도 하라고 보낸 젊은 여자가 생각이 났다. 지금쯤 병을 다 고쳤다면 이곳으로 데려올 수 있겠지, 하는 생각에 그곳으로 갔다. 그곳에서 스님들을 만나 보니 내가 생각한 것과는 너무도 달랐다. 기가 찰 노릇이다. 나는 그곳 스님들께 말하기를 왜 병을 고쳐 주지 않는가? 라고 했을 때 그곳 스님들은 오히려 나보고 병을 고쳐 주든지 그렇지 않으면 데리고 가든지 하라는 것이다.

나는 잠시 생각을 해보았다. 어찌해야 좋을지 통 해답이 나오지 않는 것이다. 할 수 없이 내가 이곳으로 보냈으니 내가 책임을 져야겠다는 마음으로 병도 고쳐야겠고 또 데리고 가기도 해야겠고 난감한 생각만 가득했다. 그곳 스님들은 그 여자의 이상한 행동에 천도(薦度)는커녕 무서워하고 있었다. 내가 그런 과정을 듣고 보니 나 역시 안타깝고 답답했다. 우선 그 여자는 밤이면 산을 오르고 내리는 행동을 했다. 산을 내려와서는 산신각(山神閣)에 들어가서 이상한 주문을 외는 행동을 한다. 그런가 하면 입으로 물을 뿜고 소금을 뿌린다든지, 정말 괴이한 행동을 하는 것이었다. 밥도 제대로 먹지 않고, 아니 먹지 못한다고 봐야 하겠지, 바짝 말라서 언제 죽을지도 모를 정도로 변해 있었다.

나는 결심을 했다. 병을 고쳐 줘야겠다는 마음으로 내가 너를 위해 천도를 해줄 터이니 천도비를 내야 하지 않겠느냐 하니 주머니에서 500원 동전 한 개를 내어놓았다. 나는 그 순간 참 안됐다는 마음이 들었다. 나는 동전 500원을 부처님 앞에 올려놓게 하고는 공양을 짓도록 해서 천도재를 시작하는데, 먼저 법당 옆문을 열어 놓게 했다. 이것은 영가를 부르는 데 있어서 영가가 어간문을 들어올 수 없을 테니까 옆문으로 불러 안심하게 축원을 하기 위해서다. 그리고 상단에 부처님께 축원 공덕(祝願功德)을 하고는 그 여자의 주변에 맴도는 귀신들의 이름을 위패에 옮겨 적었다. 하나는 자기의 모친 이름이고 하나는 십 수년 전에 죽었다는 자기의 동생 이름이다. 위패를 두 장 썼다. 그리고 천도재를 하기 전 영가를 부르는 의식을 하고는, 조용히 타이르듯 법문(法門)을 했다.

"세상의 모든 이치는 인연으로부터 나와 인연으로부터 사라지는 것, 다만 살아 있다는 것은 인연이 있어서 잠시 머문 것이고, 이 인연이 다 되면 가게 되는 것이다. 산 자와 죽은 자는 다르다. 산 자는 색신(色身)이 있어 모든 것을 감시할 수 있지만 색신을 잃어버리면 다시는 찾기 힘들다. 그러니 잃어버린 색신을 다시 찾기 위해서 사람의 몸을 잠시 빌릴 수는 있어도 업력(業力)만 더하는 것이지, 영가에게 아무런 도움이 되지 않는다. 그러니 영가는 스스로 영가의 길을 가야 하는 것, 산 사람은 산 대로 스스로 그 업력을 소멸해서 장차 가야 할 길과 머물러야 할 길을 찾아야 할 것이다.

그러나 지금처럼 산 자와 죽은 자가 함께 뒤섞여 있으면 산 자도 고통이요, 영가도 고통만 더할 뿐이다. 그러니 부모가 되고 형제가 된 인연은 잠시 인연이 있어 만난 것에 불과한 것이니 이것에 집착하지 말고, 스스로 갈 길을 택하라⋯⋯."

이렇게 법문을 하는데 재단에 엎드려 절하는 여자가 숨을 헐떡이며 괴로워하였다. 그리고 간단히 영가의 길을 여는 염불을 마치고 방으로 돌아와 그 여자에게, "영가가 무엇이라 하지 않던가?" 하고 물었더니, "어머니는, 스님의 법문을 듣고 가야 할 길을 정했으니 나는 지금 간다 하면서 가 버렸고, 어렸을 때 죽은 남동생은, 누나 지금 가서 3년 후에 다시 찾아올게." 하며 가 버렸다고 했다. 과연 이런 말을 어찌 믿을 수 있을까? 하지만 신병(神病)이란, 일반적인 병과는 달라서 금방 표가 났다. 거의 음식을 먹지 못하던 여자가 음식을 먹게 되고 돌아갔던 눈동자가 제자리를 찾는다는 것이다.

이렇게 하여 나는 자장암 아래에 있는 오어사(吾魚寺) 주지 스님의 부탁대로 그 여자를 오어사에 데리고 왔었다. 그러나 그 여자는 내가 자기의 병을 고쳐 준 은인으로 여겨 곧바로 나의 거처 자장암으로 올라왔다. 나는 이미 그럴 것을 짐작하고 절 문을 굳게 잠그고 있었다. 내가 그를 도량으로 한 발짝도 들이지 않는 것을 알고, 서운한 마음을 가지고 밑에 있는 절, 오어사에 내려갔다. 그리고 그 이후 얼마 지나지 않아 그 여자는 그곳을 떠났고, 나는 그 이후 다시는 그 여자를 보지 않았다.

나를 다스려라

나를 다스리는 것은 참으로 어렵다. 불가에서 스님들의 수행은 그 첫 번째도 나를 다스리는 것이요, 둘째도 나를 다스리는 것이다. 나를 어떻게 다스릴 것인가? 내가 나를 다스리기 위해서는 나를 죽여야 한다. 나를 죽이는 것을 달리 표현하면 나를 이기자는 것이다. 나를 죽이는 것, 나를 이기는 것, 이것은 하나의 큰 수행이라 하지 않을 수 없다. 그리하여 스님들은 처음에 입산을 하면 그 첫 번째가 그간 세속에 물든 자기(自我)를 죽이려 한다. 그것이 바로 '하심(下心)'이라는 것이다. 하심은 나를 버리는 것으로, 이것을 실행하는 것 또한 큰 수행이다. 자기를 버리려 하면 할수록, 자기를 낮추려 들면 들수록 마치 스프링 같아서 튕겨 나오는 습성이 있다.

그렇다면 어떻게 나를 다스려야 하나. 나를 다스리는 주체는 나이다. 그 어떤 대상도 될 수 없다. 가만히 생각해 보자. 누가 나를 이렇게 하라 저렇게 하라고 한다면, 진정으로 그것을 받아들이고 실천이 되겠는가? 아니다, 절대로 남이라는 존재에 의해서 나를 다스리기는 어렵다. 물론 어느 정도는 가능할 수 있겠지만 결국 스스로가 자기를 다스려야 한다. 남으로부터 또 어떤 대상을 들어 보자. 아주 극단적으로 그를 감옥에 가두어 혹독하게 생활을 구금하고 괴로운 나날을 보내게 한다 해서 그것이 고쳐진다고는 보지 않는다. 그것은 사회의 통계에서도 잘 나타나 있지 않은가? 감방에 한 번 들어가면 다시 들어가지 않을 것 같지만 아이러니하게도 한 번 들어간 사람이 또 들어감은 물론이요, 똑같은 범죄를 또 저지르게 된다. 이것이 바로 인간은 그 어떤 대상으로는 다스리기가 어렵다는 것이다.

  스님들은 자기를 다스리려고 공부를 한다 해도 과언은 아니다. 내가 나를 다스리지 못하고 어찌 중생 제도를 할 수 있겠는가? 그러므로 참선(參禪)도 하고, 경(經)보고, 기도(祈禱)도 한다. 특히 참선을 오래 하던 스님이 기도를 하는 수가 있다. 그것은 자기를 다스리려 하는 것으로 봐야 한다. 왜냐하면 참선은 '깨침의 지름길'이라는 것을 스님들 자신이 더 잘 아는 사실이 아닌가. 그럼에도 참선 납자(參禪衲子)가 기도를 한다는 것은 자기를 다스리기 위한 것이다. 그것을 때론 '업장 소멸'을 하기 위한 것이라고 말할 수는 있지만 그 업장이 무엇인가? 업(業)이란 과거

(前生)로부터 훈습(薰習)되어진 결과가 아닌가. 즉 과거로부터 잊혀 온 습관이 그렇게 쉽게 고쳐질 수가 없는 것이다. 그러기에 불교 공부를 한다는 것 그 자체가 자기를 다스리는 것이다.

부처님께서도, "나를 이기는 자, 백 천의 군사를 이긴 것보다 더 수승하다."고 하였듯이 나를 이겨야 한다. 곧 나를 죽여야 한다. 나를 다스려야 한다. 이것이 수행의 큰 숙제가 아닐 수 없다.

나 역시 지난날 나를 다스리기 위해서 울주군의 한 암자에 머물며 열심히 기도를 하기도 하였다. 기도란 누구나 다 할 수 있다. 기도가 뭐 별것인가, 목적이 있는 기도라면 그것은 다 기도라 할 수 있다. 그렇다 해도 기도란 쉬우면서도 쉽지만은 않다. 기도가 제대로 기도가 되기 위해서는 그 어떤 계기가 있어야 한다. 그것은 늘 행복한 사람이 행복을 구할 일이 없는 것과 마찬가지다. 그러하기에 환경적 계기는 순간으로는 큰 업장(業障)도 될 수 있고, 큰 고난으로 받아들일 수도 있겠지만, 그것이 하나의 도약을 할 수 있는 발판이 되기도 한다. 그런 고난의 계기가 오히려 전화위복이 되어 더 좋은 결과를 얻을 수 있다.

그것은 우리 사회에서도 얼마든지 볼 수 있는데, 어떤 사람이 너무도 가난했기에 남과 같이 공부하지 못했고, 그 흔한 대학 문턱도 밟지 못하다가, 어느 날 용기를 내어 사법고시 시험 준비를 하게 되었고, 그때 그는 가난하고 못 배웠기에 남보다 더 많은 노력을 했었다. 그렇게 공부해서 사법고시에 합격을 하고 보니 오히려 대학교를 다니지 않은 것을 다행하게 여기는 정도가 되었다. 그는 본시 가난한 서민의 자식이기에 가난하고 어려운 이웃에 눈을 돌린 것이 소위 인권 운동이요, 그것이 계기가 되어 그는 정치가가 되고 최고의 권력 정점에 서게 되었다. 이것은 하나의 예일 뿐이다. 이것이 예라고 하나 현실과 동떨어져 있지 않다. 그 예의 주인공이 당시 그 동네나 그 주변에는 얼마든지 좋은 환경에 크게 성공할 수 있다고 여겨지는 사람들도 많았을 것이다. 그것을 극단적 예로 부(富)라고 한다면 그 부가 충족된 사람은 자기에 대한 큰 계기를 만들지 못하게 되었고, 그로 인하여 성장하는 과정은 찬란하겠지만, 갈수록 그 빛을 잃는 것을 우리는 주변에서 얼마든지 볼 수 있다. 그러니 너무 좋은 환경만을 고집하는 논리는 옳다고 할 수 없다. 가난하기에 극복하는 생각을 하게 되는 것이고, 힘없이 억눌려 살아왔기에 권력을 얻기 위한 노력을 하게 되는 것은 너무도 자연스러운 것 아니겠는가?

내가 아는 스님들은 대체적으로 그런 어려운 환경에서 출가한 경우가 많은 것으로 알고 있다. 그러한 환경이 아니었다면 출가할 수 있는 동기 부여가 오지 않았을 것이다. 그리하여 나는 나의 주변에서 한 수행자가 원(願)을 세우는 것을 보았다. 그것은 다름 아닌 차생에는 아주 가난한 집에 태어나서 다시 출가를 해서, 금생에 다 이루지 못한 공부를 꼭 이루게 하여 달라는 원력을 늘 가슴에 품고 계신 것을 나는 보았다.

그러하기에 내가 앞으로 나아가려 하면 할수록 그 첫 번째가 바로 나를 다스리는 것이요, 나를 이기는 것이다. 이 말은 같은 말이다. 다만 나를 제대로 알기 위한 강조어일 뿐이다. 나를 죽이든, 나를 다스리든, 나를 이기든, 이것은 내가 이 세상을 살아가는 데 있어 내가 주체가 된다는 것이다. 나를 떠나서 그 무엇 하나 존재의 의미를 부여할 수 없다. 오직 스스로가 존재하므로 세상이 존재한다는 사실이다.

내장사

내장사와 처음 인연을 맺은 것은 1984년도 가을이다. 말로만 듣던 내장사를 직접 눈으로 확인하니, 정말 말로 다 표현할 수 없는 아름다움이 내 눈앞에 펼쳐졌다. 불타는 듯한 단풍의 황홀감은 그 누구도 매료되지 않을 수 없을 것이다.

계곡에는 맑은 물이 흐르고, 그 물줄기 굽이굽이마다 왕관 모양을 한 단풍이 한 잎 두 잎 뚝뚝 떨어져 종이배처럼 흘러가고 있는 모습은, 천년의 서기(瑞氣)가 어린 곳이 아니면 감히 볼 수 없을 것이다.

내장사에서 교무(敎務)라는 소임을 맡았다. 자연히 내장사의 역사 공부를 하지 않을 수 없었다. 내장사를 찾는 관광객을 상대로 안내할 기회가 종종 주어졌다. 내장사는 한국 팔경(八景)의 하나요, 호남 5대 명산의 하나로 유명하다. 백제가 멸망하기 불과 20년을 앞두고 영은 조사(靈隱祖師)께서 50동(棟)에 이르는 대가람(大伽藍)을 창건하고 영은사(靈隱寺)라 이름했다 한다. 단풍(丹楓)의 유래(由來)는 약 400년의 역사를 가지고 있다. 여기에 옛 단풍에 관한 시(詩) 한 수를 옮겨 본다.

행행산로전무궁(行行山路轉無窮)
일야신상만목홍(一夜新霜萬木紅)
소사객창경홀기(蕭寺客窓驚忽起)
수성호안대서풍(數聲胡鴈帶西風)

가도 가도 산길은 굽이굽이 다함 없는데
하룻밤 내린 서리에 만목(萬木)이 붉더라.
고즈넉한 절간 낯설은 방에서 문득 놀라 일어나니
먼 기러기 떼 가을바람에 울고 있구나.

이 시(詩)가 말해 주듯 '하룻밤 사이 내린 서리에 만목(萬木)이 붉더라.'는 아마 내장사의 짙은 풍경과 고사(古寺)의 영기(靈氣)를 잘 암시해 주는 듯한 느낌을 준다. 그런데 나로서는 내장사의 가을 풍경도 좋지만 겨울의 설원(雪原) 또한 견줄 곳 없이 좋은 곳이라 생각한다.

눈이 내리면 온 산이 하얗게 물든다는 것은 어느 절, 어느 산인들 그렇지 않겠느냐만 나는 이곳만큼 많은 눈이 내리는 곳을 아직 보지 못했다. 이곳의 눈이 좋은 이유는 앞에 '시'에서 밝혔듯이 '하룻밤 사이 내린 서리가 만목을 붉게 했다'는 '시' 못지않게 하룻밤을 자고 나면 하얗게 눈이 내려 쌓인 풍경이 그렇게 새로울 수가 없다. 그러니 내장사의 눈 이야기를 어찌 하지 않을 수 있겠는가?

지금 이 글을 쓰는 때는 입춘이 지난 이른 봄이다. 그러나 지금 이 순간도 눈은 내리고 있다. 새털처럼 보드라운 눈은 아니지만, 오늘따라 강한 바람과 함께 진눈깨비가 구멍 뚫린 문틈 사이로 얼굴을 내민다.

이럴 때면 누군가와 함께 쓴 커피라도 따뜻하게 한 잔 할 수 있다면 얼마나 행복할까? 내 지난날 눈 내리는 밤에 외로이 소백산을 넘고, 늦은 가을밤이 깊도록 눈을 맞으며 오르던 지리산 법계사가 새삼 회상(回想)으로 다가온다.

오늘 우리 모두는 누군가로부터 쫓기듯 바쁘게 산다. 때론 밥 먹고 물 마실 여유도 없이, 그렇게 사는 사람들도 많다. 그런 삶을 진정한 삶이라 여기지는 못할 것이다. 다만 오늘날과 같은 풍요하다 못해 넘치는 세상, 물질도 인간도 모두가 하나같이 넘치는 세상이다. 시장에 가 보면 사람 사람으로 인해, 서로 부딪치고 시달리다 보면, 어디가 어딘지 모르는 정신까지 멍해지는 그런 세상이다.

　이런 세상을 살면서 '산다'는 틀에 끌려 그저 흘러가는 것이 그래도 좋고 행복한 것인지는 알 수 없다. 우리나라 경제 사정도 많이 좋아졌다. 거의 선진국 문턱에 다다랐다고 할 수 있다. 다만 이런 경제 척도를 가지고도 늘 부족함을 느끼는 사람은 늘 부족함 속에서 살 것이고, 이런 경제 사회에서 물질적 환경이 넉넉지 않을지라도 행복을 느끼며 사는 사람은 그렇게 살아갈 것이다.

기도와 참회

　인간은 불확실한 데서부터 시작되었다. 인간은 어떠한 지위를 얻든, 어떠한 삶을 살든, 불안하기 그지없다. 부처님의 가르침을 빌리면 인간은 불완전한 하나의 업(業)이라는 매개에 의해서 사람의 몸을 받은 것에 불과하다.
　그러기에 누군가에게 의지하여야 하고 어디에선가 도움을 주길 바라는 마음이 있는 것이다. 이것이 인간이다. 아무리 과학이 발달되고 만능 컴퓨터가 보편화되는 세상을 살고 있고, 쇠창살을 겹겹이 에워싸고 이중 삼중으로 방범망을 갖춘다 해서 진정 우리의 마음이 편하다고 할 수 있을까?
　그러므로 불가에서는 이 불안에서 벗어나기 위해 보시(布施)를 많이 하도록 가르치는데, 보시에 재물만 낸다면 재시(財施)가 되고, 진리를 베풀면 법시(法施)가 되며, 두려움에서 벗어나게 하는 것을 무외시(無畏施)라 한다. 아이러니irony한 예를 들자면, 돈이 너무 많아 걱정인 사람은 돈을 풀어 이웃에게 나누어 준다면, 그것이 두려움에서 벗어나는 지름길이 될 것이다. 부처님의 가르침은 언제나 불안한 우리들로 하여금 그것을 벗어나게 하는 무외시 아님이 없다. 그러기에 보시도 필요하고, 또한 기도도 필요하다. 기도란 글자대로 한다면 '빌고 바란다.'는 것으로서 무엇을 기대하거나 무엇을 바란다는 뜻이다.

예전 사람들과 요즘 사람들의 기도 방법은 조금 다른 데가 있다. 예전엔 두 손바닥을 모으고 손바닥이 닳도록 싹싹 문지르거나, 또는 양손을 떡 벌리고 위로 치켜들어 앞으로 당겨 모아 엎드려 기도를 하였다. 그런 기도를 옆에서 볼 때에 사실 좀 웃음이 나오는 것을 참느라 애를 먹은 일도 있었다. 손바닥을 모아 싹싹 비는 것은, 예전으로부터 내려오는 샤머니즘에서 비롯한 것이라면, 두 손을 벌려 높게 쳐들어 모으는 것은 모두, 담뿍 가지겠다는 인간의 욕심에서 나오지 않았을까, 하는 생각을 하면 그 또한 웃음을 참기 어렵다. 물론 정확한 고증을 한 것은 아니고 내가 보는 관점에서 그렇다는 것이다. 요즈음은 그런 모습으로 기도하는 사람은 잘 보이지 않는다. 그렇지만 그것은 그렇게 문제될 것이 없다. 기도는 결코 어떠한 행위에 있다고는 할 수 없으며, 지극히 마음을 한곳으로 모으고 그것을 염원하는

데 있지 않을까 생각한다. 기도를 하는 데 있어, 반드시 처소를 잘 선택해야 할 뿐 아니라, 부처님과 보살상 앞에서 기도를 해야 하는데, 만약 그렇지 않고 허공을 향해 기도를 한다면 이것은 일명 '허공 기도'라고 할 수 있다. 이것은 잘못된 기도이다. 또한 캄캄한 곳을 찾아서 한다든가, 바위틈이나 나무 동굴 등에서 한다면 자칫 샤머니즘에 빠져 몸과 마음을 황폐하게 할 수도 있다.

그러므로 기도하는 방법이나 자세 등을 자세히 알아서 진실하게 기도를 해야 하는데, 물론 기도를 하는 내 자신이 어느 정도 자리가 잡히면 그땐 조용한 방이나 처소가 크게 문제될 것은 없다.

그렇다면 기도는 어떻게 해야 할까? 기도의 근본이 있다면 그것은 일념이다. 한 생각을 고요히 가지고 계속해야 한다. 예를 들어 왕생극락을 염원한다면 지극한 마음으로 아미타불을 열 번만 외워도 극락에 이를 수 있다고 보는 것이 불교다. 불가에서는 근기를 상, 중, 하로 나누는데 대개 근기가 수승하지 못할 때는 염불 기도를 많이 한다. 염불이라 함은 부처님을 생각한다는 말로서 부처님이나 보살의 명호를 외우는 것이다. 물론 천수경을 비롯한 상용적인 글귀들이 많이 있다. 염불 기도를 하는 데 있어 크게 세 가지의 의미를 부여한다면,

첫째, 마음을 편하게 해준다.

둘째, 바라는 바를 성취케 해준다.

셋째, 알게 모르게 지은 업장을 소멸할 수 있게 한다.

절에 오래 다닌 불자도 기도의 본뜻을 잘 이해하지 못하는 경우가 있다. 그뿐만이 아니라 불교의 근본 진리를 왜곡되게 알고 있는 경우가 많다. 그렇다고 지나치게 선불교(禪佛敎)만을 추구한 나머지 부처님의 진실한 말씀을 소홀히 하는 경향도 있다. 이 모두가 중용의 태도를 취하지 못하고 편벽된 자아관(自我觀)을 가지고 있기 때문이다.

불자라면 모름지기 어느 것에도 치우치지 않는 열린 마음을 가져야 하는데, 결국 산 모습 그대로, 물 흐르는 모습 그대로를 보아야 하는 것이다. 그래야 부처님의 진면목을 볼 수 있는데 내가 아는 큰스님들의 대다수가 기도를 많이 하였고, 그 기도의 가피력으로 도업을 성취하고, 나아가 중생들에게 인생의 바른길을 열어 주셨다. 더 정확히 말하면 기도를 하지 않은 스님은 한 분도 없다는 것이다.

근세에 무욕 무심의 경지로 많은 후학에게 영향을 준 혜월(慧月) 스님은 출가를 해서 행자 과정 시절 공양간에 불을 지피면서도 얼마나 긴 염불 삼매(念佛三昧)에 빠졌던지 사찰 경내가 온통 밥 타는 냄새로 진동을 했다는 일화가 있으며, 경보(京保) 스님의 보문사 기도 가피 설, 경봉(鏡峰) 스님의 천수 주력 이야기,

성철(性撤) 스님의 능엄 신주(楞嚴神呪) 등 이루다 헤아릴 수 없을 정도다.

기도를 하는데 지장 기도를 해야 좋은지, 관음 기도나 천수 기도를 해야 좋을지 등을 많이들 물어 오는데, 지장보살 명호를 외는 기도는 지장보살의 서원이 한 중생이라도 지옥에 남아 있는 한 성불하지 않는다고 하시듯 업장을 소멸하고 망령(亡靈)을 천도하는 것이다. 관음 기도는 현세의 고통을 관하여 그 소리를 들어준다는 것으로 중생으로 하여금 이고득락(離苦得樂) 또는 발고여락(拔苦與樂)을 뜻하며, 발고여락이란 불교의 자비 사상을 잘 표현한 말로서 관세음보살의 원이 바로 이것이라 하겠다. 그러나 기도를 하는 우리로서는 명호에 너무 치우칠 필요는 없다. 어느 한 경지에 이르면 관세음보살을 찾는 것이나 지장보살을 찾는 것이나 모든 기도의 힘은 나 자신으로부터 나온다는 사실을 알게 된다.

이렇듯 보살과 내가 하나가 되어 보살이 내가 되고, 내가 보살이 될 때 이것이 화엄경으로 보게 되면 꽃의 세계요, 장엄의 세계며, 보살의 출현이 나와 먼 것이 아니라 바로 나인데, 이것이 이(理)와 사(事)가 하나가 되는 '원융무애법계(圓融無碍法界)'를 이루는 것이다. 그렇기에 기도를 많이 해야 한다.

기도하는 속에 불교가 있고, 기도하는 속에 진리가 있다. 기도

하는 속에 열반을 얻을 것이며, 기도란 빌고 바라는 것인데, 그것만이 전부라 생각한다면 굳이 절에 나올 필요가 없다. 나무나 돌에다가 기도한들 무엇이 문제가 되겠는가? 기도는 지극해야 되고, 기도는 나와 대상이 하나가 되어야 하고, 그것이 나아가 이웃이 되고, 사랑이 되고, 둘이 되고, 열이 되며, 천이 되고 '천수천안관자재보살(千手千眼觀自在菩薩)'이 되어, 내가 이르는 곳마다 관음보살이 화현하듯, 가는 곳곳마다 불국토가 되어 청정 도량을 이룬다면 이것이 바로 기도의 궁극이 된다.

그러므로 기도는 우리 스스로를 청정케 하고 미혹에서 벗어나게 하여 유유자적한 삶을 살 수 있게 한다. 이것은 마치 크나큰 서원을 가지고 중생을 제도하고자 높은 바위에 걸터앉아 다라니 주문을 외어, 그 주문의 힘이 바람에 실려 가는 곳마다 가피를 함께 하여 많은 중생으로 하여금 이로움을 준다면 이것이 바로 진리의 보시(布施)요, 행복을 주는 보시가 아니고 무엇인가?

불교는 기도에서부터 시작되어, 기도로부터 성취되고, 기도로부터 가피를 나누고, 기도로부터 두려움까지를 벗어나는 무외시(無畏施)가 되니, 헤일 수 없는 수많은 보살이 하나 되며, 때론 꽃이 되고, 감로가 되니 이것이 바로 나 자신이다.

그런데 기도에는 빠질 수 없는 한 가지가 있는데, 바로 참회(懺悔)를 말한다. 참회란 죄를 뉘우치고 용서를 청한다는 말로서,

인간은 남녀노소 여하를 막론하고 죄업을 지어 왔고, 지금도 짓고 있다고 할 수 있는데, 불교에서는 '일체중생 실유불성(一切衆生悉有佛性)'이라 해서 모든 중생, 미생물에 이르기까지 불성이 있다고 하였다. 심지어 무정물에도 불성이 있다는 설이 있을 정도다. 그렇다면 우리의 발에 치여 죽는 중생이 얼마만큼 되겠는가? 참으로 아찔하다 하지 않을 수 없다.

참회란 마치 좋은 음식을 담기 위해 그릇을 깨끗이 씻는 것과 같아서, 아무리 맛있는 음식을 담았던 그릇이라 할지라도 씻지 않은 그릇에 다른 음식을 담으면 그 음식이 제맛을 낼 수 없다.

우리 인간은 알고 저지르고, 모르고 저지르는 죄업이 참으로 많다 하지 않을 수 없어서 다른 어떤 중생보다도 참회를 많이 해야 하는 것이 인간이다.

참회란 이참(理懺)이 있고 사참(事懺)이 있다. 이참은 정신적 참회를 뜻한다. 실상의 이치를 생각하며 죄의 체가 본래 무생임을 관하는 것으로, 상품(上品), 중품(中品), 하품(下品)이 있다. 모공(毛孔)과 눈에서 피가 나오면 상품에 해당되고, 모공에서 피가 나고 몸에서 열이 나면 중품에 해당되며, 전신이 미열로 눈에서 눈물이 나면 하품에 속하게 된다.

사참은 사실적 참회에 가깝다. 사참이란 예배하거나 경을 외고 신구의(身口意)를 청정히 하는 것이다. '참'은 죄를 용서하여 참는 것같이 다른 사람에게 청하는 것이고, '회'는 과거의 죄를 뉘우치고 불보살과 사부 대중에게 고백하는 것이다.

이렇듯 참회를 세분하는 뜻으로 받아들이면 되는데, 앞서 언급하였듯 마치 음식을 깨끗한 새 그릇에 담았을 때 제맛이 나는 것과 같이 우리들 마음에 조금이라도 죄업을 남기지 말고 깨끗한 그릇 그 모양으로 그대로 씻도록 해야 한다. 그런 의미로『화엄경』보현행원품에 있는 참회게에는 이런 내용이 있다.

我昔所造罪惡業 내가 옛날에 지은 죄업 탐 진 치
皆由無始貪瞋痴 삼독을 말미암은 것이니
終身口意之所生 신구의 삼업으로 난 바를
一切我今皆懺悔 이제 다 참회하옵나이다.

아무리 사소한 것일지라도 참회하지 않고 그냥 덮어 두면 그것은 마치 작은 불씨를 소홀히 여긴 것과 같은 것이며, 바늘 도둑 소도둑 된다는 속담에 있듯 시작은 작을지라도 결과는 무서운 것이어서, 진정한 참회가 선행되어야 비로소 용서도 있고 화해도 있는 것이다.

오늘날 우리 사회는 아무리 큰 죄과를 저질러도 진실로 참회할 줄 모르고 그저 남의 탓만 하는 풍조가 만연하고 있다. 이러한 풍조가 계속 되면 우리의 내일은 없으며, 서로 죽고 죽이는 살상만이 계속되어 그것이 종말에는 인류를 비극으로까지 몰고 가게 된다. 벌써 그런 징후는 이곳저곳에서 나타나고 있다 그러기에 기도는 우리들의 정신을 맑게 해주고, 참회는 우리들에게 영원한 생명으로 다시 살아갈 수 있는 힘이 되는 것이다.